鉄道会社はどう生き残るか

Nobuyuki Sato
佐藤　信之

PHP
Business Shinsho

PHPビジネス新書

はじめに

近年、リニア中央新幹線や整備新幹線の建設に対する社会の見方が厳しさを増している。もともと地方が望んだ路線であっても、計画時から大きく時代が変わって、反対の意見が目立つようになった。必要な新幹線は必要な時に完成させるという使命感が必要である。とくに北陸新幹線の大阪延伸の遅れはひどすぎる。

大都市の通勤路線では、混雑緩和が一段落して、国と地方の財政難から、新線建設がめっきり減ってしまった。しかし、全国の大都市ではまだミッシングリンクとなる重要区間が残っており、来年宇都宮市で開業するようなＬＲＴや本来建設費が安かったはずのモノレールをもともとの簡易なスペックで建設するという考え方が必要である。土地の身の丈《たけ》に合った公共交通機関の整備によって、少なくとも自家用車を使えない人たちにとって、便利な都市にしていかなければならない。

人口減少の時代に入り、生産年齢人口が今後長期的に低落傾向をたどることになり、鉄道の旅客も減少を続けることになるのだろう。

そのような厳しい現状にある鉄道では、2020年以来のコロナ禍が、問題を深刻化させてしまった。

もともと厳しい経営を続けていた地方のローカル鉄道の経営は一層厳しくなった。人々の生活様式を変え、リモートワークの普及により、大都市の通勤輸送でさえさきざき低落することが予想される。通勤混雑は一段落することから利用者にはありがたいことなのであるが、鉄道経営の側面から見ると、営業収益の減少、利益の減少により、経営環境が悪化することが予想される。それに対して、どのような処方箋が書けるのか、国土交通省などで検討が進められ、全国の自治体や住民はこれに対して注目している。

また、地方のローカル線については、社会環境が厳しくなる中で、安易に廃止することはないようにお願いしたい。鉄道の輸送密度が数百人という路線では、バスに転換したとしても利便性の低下から、バス自体がじり貧《ひん》に陥《おちい》りかねない。

生活交通としての役割は終わったとしても、自然の中を走り、沿線に観光地を抱えているような場合には、線路を維持することで、はやりのクルーズトレインを走らせ、欧米からの観光客や国内の経済的に余裕のある人たちに来訪してもらい、地域に「お金」を落としてもらう工夫も必要である。バスはさまざまな利用法につなげることが難しいが、鉄道の場合は、線路のある風景自体が観光資源として活用できる。

得てしてローカル沿線の自然豊かな景観は、沿線の人たちにはなかなかその価値が理解されていない。現在日本のインバウンド旅行者のうちヨーロッパからの人は全体の15%程度しかいない（2018年は12・7%）。彼らは、日本の自然風景、歴史、人々の生活・風俗に興味があるのである。

地方のローカル線にはまだ潜在需要を開拓する余地が大きい。

本書では、現在の鉄道を取り巻くさまざまな問題に目を向ける。これからの鉄道がいかにあるべきか、一つの指針を提供できれば幸せである。

鉄道会社はどう生き残るか――目次

第1章 地方鉄道が生き残る道はどこにあるのか

第2章

新型コロナの衝撃を乗り越えろ！

JR東日本がTOCとしてイギリス市場に参入
フランスの場合――上下分離するも、事実上は再統合
ドイツの場合――グループ内での上下分離にとどまる
公共の事業を民間企業にどう任せるべきか？――PFIとPPP
イギリスの地域交通へのPFIの導入
日本版PFI

第5章

規制緩和の波が日本へ

アメリカから求められた規制緩和の流れの中で
規制緩和は必要だとするが……
「オープン・アクセス」をめぐる議論
路線廃止をめぐる議論
理念としての規制緩和と現実の規制継続の要求
日本の「上下分離」は経営補助になっている

第6章

これからの鉄道網
――経済の起爆剤になるか

西九州新幹線
北海道新幹線の延伸
ＪＲ東日本のミニ新幹線の改良

第7章

鉄道をめぐるあらたな政策課題

高齢者が利用しやすくするための「バリアフリー」
環境問題に対応するための「CO_2排出量削減」
なかなか進まない「モーダルシフト」
ディーゼルエンジンからのCO_2排出量の削減

第8章

日本の鉄道会社を支える「小林一三モデル」

第1章

地方鉄道が生き残る道は どこにあるのか

地方鉄道は施設の減価償却が済んでいる

鉄道事業を供給面から見ると、線路や信号機などの初期投資が大きく、開業後はその減価償却費や借入金の利子の支払いといった資本費が大きくなるという特徴がある。この資本費は固定的なもので、旅客が増えても総額は変わらない。ということは、旅客が増えれば増えるほど、旅客1人当たりの資本費は低下する。

また、旅客1人当たりの燃料消費量も、旅客が増えるほど減る。鉄道サービスのコストには、規模に対する逓減《ていげん》性があるのだ。

これは、地球温暖化物質の排出量についても当てはまる。

つまり鉄道事業は、旅客数が一定以上である場合に効率的に経営でき、地球環境にも優しいということだ。

旅客が多い大都市の鉄道や新幹線は、競合するほかの公共交通機関や自家用車と比べて、圧倒的に効率的である。

それに対して、旅客が少ない地方鉄道は効率性が劣ることになる。

しかし現にある施設が償却済みであれば、大規模な更新や自然災害による被災がない限り、経常費用は切りつめた人件費や運行費、修繕費が中心となる。それなら、旅客1人当たりの費用が少なくて済む。

現在ルーラルな鉄道（地方鉄道）は、このような特殊な条件のもとで、経営が成立しているのである。

採算が取れない鉄道の廃止の基準は難しい問題

鉄道も企業という形態で経営される以上、独立採算が大前提だ。少なくとも、経常損益が黒字である必要がある。

しかし、社会政策的な視点で社会的余剰（社会全体の便益）を最大化しようと考えるなら、経常黒字でなくても、可変費（変動費）を賄《まかな》えるだけの営業収入があれば良い。

では、この基準も満たしていない鉄道はどこまで維持すれば良いのか。これは大きな問題である。実際ルーラルな鉄道は、これらの基準を満たさないケースが多いのが現実だ。

維持すべき路線の選定基準は、過去にいくつか提起されてきた。

例えば、国鉄時代には、赤字ローカル線の廃止基準として、「輸送密度」が使われた。これは、路線のある地点で目の前を1日何人の旅客が通過するかという数字で、全線を平均した数値が2000人ないし4000人というのが存廃の分かれ目の判断材料の一つとされた。

鉄道を廃止してバスに置き換えた場合と、鉄道を維持する場合との、純便益の比率が判断材料とされたこともある。しかし、便益の中で大きな比重を占める「存在効果」が厳密に測定できないことや、実際に鉄道を維持すべきとされたケースで、道路の渋滞緩和効果が大きく影響していることが多いという問題があった。行政が適切に道路を整備しなかったことが鉄道を維持する根拠になるという、常識的に見て不自然なことが起こったのだ。そのため、今ではあまり取り上げられなくなった。

バスに置き換えることの問題点とは

不採算の鉄道を廃止してバスに置き換えると、便利になるケースは多い。

需要が一定以上ある場合は、小さい単位輸送力で運行頻度が高いバスのほうが、混雑を緩和でき、旅客の待ち時間も短くなって社会的厚生が高まる。系統も複数に分けることができて、旅客の利便性が向上する。

一方バスが鉄道に劣る点は、走行路を一般車と共有することでスピードを出せず、定時運行が難しいということのほか、ルートが分かりにくい、系統や時刻が頻繁に変わって分かりにくい、といった情報に関するものが多い。近年はインターネットの普及によってある程度改善しているものの、物理的な固定路を持たないバスの利点と裏腹の関係にあり、鉄道と同等の安定性・信頼性を実現することはないだろう。

また鉄道が廃止になると、自家用車を使える人は自家用車に流れる。バスを使うのは自家用車を使えない人だけになることが多く、たいてい公共交通機関の旅客数は大きく減少する。

バスの旅客は通学生と高齢者などの交通弱者が中心となり、社会的な福祉政策としての意味合いが強まる。そのため、曜日限定の運行を行ったり、地域を小まめに巡回して旅客を拾うために目的地まで時間がかかったりと、時に使いにくい交通手段となってしまっている。

結果としてバスサービスは縮小し、移動手段を失った人たちの引きこもり傾向を助長している。またその不便さのために、若者や働き盛りの人口の流出にもつながっている。

人口40万人以上の地方都市圏では鉄道が主役になれる

人口40万人以上の地方都市圏では、まだ鉄道が地域交通の主役として活躍できるケースが多い。

富山市には、富山地方鉄道の富山軌道線と郊外の鉄道線、JRの北陸本線、高山本線、富山港線《とやまこう》といった鉄道があった。しかし、JRは各線とも運行本数が少なく、富山地方鉄道も一時期は近代化に熱心だったが、全国的に見て自家用車の保有率の高い自動車依存傾向の根強さから、活気がなくなっていた。

そんな中、北陸新幹線の建設に合わせて在来線の高架化が行われることになり、工事中の仮ホームの用地を捻出《ねんしゅつ》するために、富山港線の廃止が検討された。

富山地方鉄道富山港線

そこで富山市は、富山港線の経営を引き受ける第三セクター「富山ライトレール」を２００４年に設立して、あらたに富山駅北口まで路面軌道を敷設《ふせつ》したうえで、富山港線の線路に直通するトラムトレインに改造した。

２００６年に運行を開始した富山ライトレール（現・富山地方鉄道富山港線）は、運行頻度を高めたことと斬新な超低床車両が市民に受け入れられて、大きく旅客が増加した。

この成功が追い風となって、富山市は活気がなくなっていた中心市街地に路面の新線を建設して、市内に都心循環系統を新設、都心への転居に補助金を交付するなど、いわゆる「コンパクトシティ」政策を展開した。

その結果、人々の外出の機会が増加し、つ

いでの買い物なども増えて、既成市街地が再活性化した。

同じ富山県の高岡市では、加越能《かえつのう》鉄道（現・加越能バス）が経営していた高岡軌道線と新湊港線《しんみなとこう》の廃止問題が浮上したのに対して草の根的市民活動が発生。当初はなかなか市民の支持が得られなかったが、キャラバン活動を展開するなどして軌道線存続を根気強く説得する中で、次第に理解が広がった。

その結果、県や沿線自治体（高岡市・射水《いみず》市）が出資して第三セクター「万葉線」を２００１年に設立し、鉄軌道事業を引き継ぐことになった。


この動きは福井市にも広がった。

福井市では、ＪＲの北陸本線、越美北線《えつみほく》のほか京福《けいふく》電鉄福井鉄道部と福井鉄道が運行していた。京福電鉄は、廃止問題が議論されている中で2度にわたる重大事故を起こし、中部運輸局から運行停止の処分を受けた。その後２００２年に第三セクター「えちぜん鉄道」が設立されて、翌年運行を再開。社長を地元の民間企業から招き、列車にアテンダントを乗務させるなど、さまざまな需要喚起策を実施して、短期間で運行停止以前の旅客数を回復した。後述するとおりである。

福井鉄道も厳しい経営が続いていた。親会社の名古屋鉄道は1株1円で株式を地元に売却、福井銀行から社長を招いた。

２００８年経営から手を引く直前に、名古屋鉄道は岐阜市内線などから超低床車を含む比較的あたらしい車両を転籍させ、サービスの向上を進めた。

福井鉄道は、市内の路面の併用《へいよう》軌道と郊外の鉄道を直通している。大型の鉄道車両が使われていたので、併用軌道区間では、車体からはみ出した折り畳み式のステップを上がらなければならず、必ずしも快適な交通機関ではなかった。名古屋鉄道の低床車が投入された際にホームを切り下げ、あたらしい車両に加えて乗降のしやすさによって、若者を含む多くの市民に受け入れられ、旅客が増加した。

えちぜん鉄道と福井鉄道は、２０１６年田原町《たわらまち》で線路をつないで相互直通運転を開始した。両社は直通用に超低床車を新造し、えちぜん鉄道は越前武生《たけふ》まで、福井鉄道は鷲《わし》塚針原《づかはりばら》まで直通している。

えちぜん鉄道沿線から福井市の目抜き通りへ乗り換えなしで行くことができるようになった効果は大きく、両線の旅客数は順調に伸びていった。

このように、人口40万人を超える地方都市圏（2020年「国勢調査」によると、富山市41万人、福井市26万人・鯖江《さばえ》市7万人・越前市8万人）では、適切な設備投資により、鉄道が再生されることが証明された。

ただ利用できる既存の線路がないと、新線を建設するための巨額の投資が必要となるため、人口が40万人を超える都市でも、鉄道を都市の基幹的な公共交通に位置付けることは難しい。

そのような状況のもとで、宇都宮市（人口52万人）では、宇都宮駅と東部の工業団地を結ぶＬＲＴ（ライトレール）の建設が進んでいる。線路などの下部構造物を道路施設として公共事業で建設するが、全体の事業規模が大きいため、税金の無駄遣いとして反対運動も起こった。

外部から招いた社長による経営再建

より輸送量が小さな鉄道の場合は、経営状況が深刻化している。比較的少ない額の可変費の負担だけで維持できていた鉄道も、その後の通勤の自家用車へのシフトや、近年の少子高齢化による通学需要の減少に直面している。

青森県の津軽鉄道は、国が欠損補助の適用を中止するに当たって、経営を自立させるために時限的に近代化補助金を交付された。これを利用して車両の近代化を実施し、沿線の支援もあって、経営は好転し、黒字に転換することができた。

ところが、これによって近代化補助金(赤字が要件)の交付が打ち切られ、借入金に頼ることになり、その後旅客数が減少する中で、その返済をしなければならなくなった。

そのような時、2004年に社長に就任したのが澤田長二郎《ちょうにろう》氏であった。三菱商事の子会社の社長をしていたが、退任を機に故郷に帰って津軽鉄道の社長を引き受けた。

民間の経営感覚を導入するとともに、住民を中心とした津軽鉄道サポーターズが結成されて、地域全体での支援体制が確立した。

京福電鉄福井鉄道部が2度の重大事故を起こして運行を停止した際、第三セクター「えちぜん鉄道」として再建を託されたのが、繊維大手セーレンの常務であった見奈美徹《みなみとおる》氏。業界に不慣れとして最初は専務として入社したが、すぐに社長に昇格した。地元の旅行専門学校とタイアップして列車にアテンダントを乗務させるなど、さまざまなアイデアで会社の活性化を果たした。

北陸新幹線の並行在来線「しなの鉄道」が経営難となっていた時、格安旅行会社HISの創業者澤田秀雄氏に相談したところ同社から杉野正氏が送り込まれ、見事再建を果たした。杉野氏は次に慢性赤字の埼玉高速鉄道の社長に招かれたが、東京地下鉄との対立姿勢が仇《あだ》となって社長を退任し、神奈川県知事に立候補したが落選した。

千葉県のいすみ鉄道と茨城県のひたちなか海浜《かいひん》鉄道は、社長を公募した。

いすみ鉄道は旧国鉄の木原線の経営を引き継いだ第三セクターで、沿線自治体の首長が社長を兼務、県の職員が専務取締役に就いていた。年々の赤字が累積して、運用益で経営を支えようとして設置された基金を取り崩している状態で、存廃が問題となっていた。そして、廃止する前に民間の創意工夫で経営を改善することにかけてみることになり、社長を公募したのだ。

その時2008年に社長に選ばれたのが、吉田平《たいら》氏であった。千葉市を中心に路線バ

いすみ鉄道

スを運行する平和交通グループの経営者で、駅のネーミングライツの販売や「蛍狩《ほたるが》り」のミステリーツアーなどのイベントを実行して、収入増を図った。

従業員からの信頼も得て順調に再建に取り組んでいたが、２００９年の千葉県知事選に現職堂本暁子《あきこ》氏の後継候補として立候補した際、いすみ鉄道の社長を辞任した。

続いて社長に就任したのが、鳥塚亮《あきら》氏である。昭和の時代の国鉄型気動車を購入して急行料金で運行したり、国鉄気動車を模した車両を新造したりして、多くの鉄道愛好家を集めた。いすみ鉄道は東京から近く、家族連れの行楽には絶好のロケーションにあるため、必ずしもコアな鉄道ファンに限定されないのも特徴である。

　また、地元の特産の伊勢海老を使ったイタリアンを車内で楽しめる列車など、さまざまな趣向を凝らした列車を運行した。このいすみ鉄道の取り組みは、大手私鉄やＪＲの地方路線にも影響を与えている。

　ひたちなか海浜鉄道は、茨城交通が経営破綻した時に、湊《みなと》線の廃止を回避するために自治体が過半を出資して設立された。もともと沿線の人口が多く、観光施設にも恵まれているが、ひたちなか市の隣の水戸市に直通しないこと、地域の自動車依存が進んでいたことなどにより、市場の好条件を活かせていなかった。

　茨城交通の時から地元の応援団が鉄道活性化に取り組んでいて、その活性化の一環として社長を公募した。そして、富山の万葉線で働いていた吉田千秋氏が、２００８年に社長に就任した。

　車両の更新とスピードアップ、終列車の繰り下げなど、サービスアップを進めた結果、経営は改善した。現在は終点の阿字ヶ浦からひたち海浜公園まで路線延伸が計画されている。

そのほか、北から秋田内陸縦貫鉄道、由利《ゆり》高原鉄道、山形鉄道、千葉都市モノレール、若桜《わかさ》鉄道、平成筑豊《ちくほう》鉄道が社長を公募、北条鉄道が副社長を公募で選んだ。しかし、基本的に自治体は再生請負人として社長を公募しているので、成果を上げたことで役目を終えることになった社長も複数いる。また、もともと自治体が主体的に特定の思惑《おもわく》を持って採用しているため、時として自治体の思惑との齟齬《そご》から関係を悪くしたケースもある。

いすみ鉄道の鳥塚社長も、2019年にえちごトキめき鉄道の社長に転じている。

鉄道の経営主体の公募も

第三セクター鉄道のトップは、必ずしも鉄道経営に精通しているわけではなく、公務員が鉄道経営に向いているとも思えない。

そこで京都府は、第三セクター「北近畿タンゴ鉄道」の経営主体の公募を行った。最終的には、2014年に、ツアーバスで業容を拡大したWILLERグループに決定した。子会社のWILLER TRAINSが「京都丹後鉄道」の名称で列車を運行して

ななつ星in九州

いる。線路施設など、インフラ部は従来どおり北近畿タンゴ鉄道が保有している。

観光列車を走らせて観光客を誘致

鉄道はキャパシティが大きいため、大きなコスト増をともなわずにさまざまな態様の需要に対応できる。本来、通勤、通学、通院、買い物といった生活交通を担うものであるが、それだけでは維持が難しい鉄道を残す方法の一つとして、観光列車を走らせて観光客の誘致に使い、旅客収入を増加させることが挙げられる。

ＪＲ九州は、２０１３年10月、豪華クルーズトレイン「ななつ星in九州」の運行を開始した。７両編成の客車（スイートルーム寝台客車、ラウンジカー、ダイニングカー）とディーゼル機関車１両を新造し、製造費は約30億円。

１編成に14室で定員は30名。最初のツアーでは、２人で１室利用の場合、１人最高55万円。それでも応募倍率が高い盛況ぶりであったため、間もなく値上げをしている。国内のシニア客が中心であったが、香港、シンガポールからの参加も見られた。

カンヌでの富裕層向け旅行商談会に参加するなどアピールに努めたが、日本語での申し込みや国内での応募が殺到したために、海外客にはハードルが高かった。そのため、海外客向けに２室を別枠で用意した。

客室クルー１期生は25人で、そのうち13人を社外から採用した。前職はホテルの従業員やクルーズ船の乗務員であった。

ＪＲ九州が自前で企画・募集するツアーのほか、旅行会社の企画もある。なかには、アジアの旅行会社による列車借り上げのツアーも実施されている。

ＪＲ西日本はもともと日本海縦貫線で大阪〜札幌間に「トワイライトエクスプレス」

TWILIGHT EXPRESS瑞風

をツアー列車として運行していたが、老朽化により廃止。その後継列車として、２０１７年6月から「TWILIGHT EXPRESS瑞風《みずかぜ》」の運行を開始した。87系バッテリー併用電気式寝台気動車10両編成で、ダイニングカーとラウンジカーの2両を備える。定員は最大34名。

ＪＲ東日本も２０１７年5月から「TRAIN SUITE四季島《しきしま》」の営業を開始した。架線とディーゼル発電機で給電するハイブリッド寝台電車Ｅ００１形10両編成。定員は34名。両端が展望車で、ダイニングカー、ラウンジカーを1両ずつ備える。

ＪＲ東日本には、これとは別にツアーや団

TRAIN SUITE四季島

体列車に使うE655系交直両用の座席列車「和(なごみ)」がある。お召《めし》列車にも使われる全車グリーン車のグレードアップした列車である。

２０２０年の夏からは、東急電鉄が、JR東日本、JR北海道とタイアップして、伊豆急行が運用している「THE ROYAL EXPRESS」(グリーン座席)を使い、北海道周遊の豪華ツアー列車を運行している。

沿線の観光資源への観光客の誘致だけでなく、鉄道そのものを観光資源として活用する取り組みは、全国各地に広がっている。ただし、観光資源として観光列車を新造するには、それなりのコストがかかるため、大手以外は、自治体の十分な支援がないとなかなかできない話である。

地方路線を残すための処方箋

鉄道を残す意義として、旅客列車のスペースを使った荷物の輸送も挙げられる。京福電鉄の電車でヤマト運輸の荷物を輸送するなど、実際に実施している事例が現れている。

また生活交通として役割を終えた鉄道については、営利事業として維持するのではなく、非営利事業として、ボランティアが中心となって運営するという形も検討に値するであろう。

地方鉄道の内容はさまざまである。それぞれ、課題と対処方法は異なる。

しかし、いずれの場合も経営に有能で才気に富んだ人材を当て、地元の行政と住民を巻き込んで、鉄道の存在意義の認識を皆で共有するという取り組みが必要である。

そのうえで、地方都市では鉄道を近代的な都市交通機関に再生することができるし、ルーラルな路線については、地域の魅力を発信するメッセンジャーとして、集客のツールとして活用することも可能である。

その場合、民間でできることと公共が担うべきこととを、明確にしなければならない。日本では、基本的に民間の鉄道事業者がすべての責任を担っている。国や自治体による補助金の制度はあるが、事業者の負担が大きい。採算が取れない場合に、公共交通の公共性の部分を民間企業に背負わせるのは酷《こく》である。適切に、国や自治体が公共交通の公共性について負担をしていくべきである。

沿線に一定の人口が貼り付いている場合には、むしろバスに転換することで、住民にとって便利な交通機関を再生することができるかもしれない。個々のケースについて、経営環境や地域の支援状況を勘案して、それぞれに適切な処方箋を書く必要がある。

鉄道政策の見直し

2020年の年初から始まった新型コロナによるパンデミックで、鉄道各社は経営上の大きなダメージを被《こうむ》っている。現時点でパンデミックが終息する見通しは立っておらず、経営立て直しのスケジュールも立たないのが現実である。

もともとコロナ禍以前から、JR北海道とJR四国の経営維持のための取り組みが検討され、地方私鉄でも旅客の減少による経営の悪化が問題となっていた。そこに来たコロナ禍で、さらに厳しい状況に追い込まれてしまった。

国土交通省はこのような緊急の課題に対処するために、急遽《きゅうきょ》、「交通政策審議会陸上交通分科会鉄道部会」のもとに「鉄道運賃・料金制度のあり方に関する小委員会」を設置して、経営改善のための運賃制度の柔軟な対応について審議することを求めた。鉄道局鉄道サービス政策室が事務局を担当する。

また、同時に国土交通省鉄道局に「鉄道事業者と地域の協働による地域モビリティの刷新に関する検討会」を設置し、「利用者視点に立ったローカル鉄道のあり方に関する議論」を行うとしている。２０２２年2月14日に第1回の検討会が開催され、７月には「とりまとめ」が発表される予定である。

交通政策審議会の小委員会と鉄道局の検討会のいずれも、審議の結果を２０２２年夏の概算要求に反映させるという。

検討会では、第1回ではＪＲ東日本、ＪＲ西日本などの鉄道会社から、第2回では自治体から意見を聴取した。

ＪＲ東日本は、内部補助によりローカル線を維持することは難しくなっているとの認識を示したうえで、ローカル線の維持方策について自治体に働きかけても、自治体は「すぐ廃止されるのではないか」という感じで構えてしまって、なかなか建設的な議論ができないという現状を紹介した。

ＪＲ東日本としては、０か１００かという議論ではなく、「地元の皆様にもいろいろご協力いただきながら、一緒になって、鉄道にこだわらず、持続可能なサステナブルな交通体系、将来に向けてどういう交通体系が地元あるいは住民の皆様の為になるのかということを考えていきたいということでございます」（議事録より）と考えを示した。

すなわち、鉄道という交通モードから別のモードへの転換、とくにＢＲＴ（バス高速輸送システム）への変更をほのめかしているのであろう。

また、ＪＲ西日本は「特に、輸送密度が２０００人未満の線区につきましては、大量輸送機関という鉄道の特性が発揮できておらず、このままの形で維持していくということは非常に難しい状況ではないかと考えております」（同）と状況認識を示したうえで、「地域交通は鉄道に限らず、バスやタクシーなどを含め厳しい状況にあり、これは当社の課題でもありますが、地域社会全体の課題ではないかと思います。そういった意味で、持続可能な地域社会の実現に向けて、線区の特性の違い、移動ニーズを踏まえ、地域の街づくりに合わせた今よりもご利用しやすい具体的な地域交通体系を、地域の皆様と共に模索し、実現してまいりたいと考えております」（同）と述べている。

いずれも、路線特性に合わせて最適な交通モードを選択して、転換を図ることを意図しているのであろう。

ＪＲ西日本は、２０２２年4月11日輸送密度の小さい路線について、路線ごとの収支を示した。路線の廃止を前提としたものではないと説明するが、収益性の低下した路線をどうするのかについては、沿線と話し合うとするだけで、考えを示していない。

第2章

新型コロナの衝撃を乗り越えろ！

通学輸送を直撃

国内で新型コロナの感染拡大が始まったのは２０２０年2月の半ば。同月25日政府は「新型コロナウイルス感染症対策の基本方針」を発表。27日には全国の小学校、中学校、高等学校などに対して、3月2日以降の臨時休校を要請した。多くの自治体がこれに応じて、春休みまでの臨時休校に入った。

地方のローカル線は通学定期旅客の比率が大きいため、学校の休校措置による影響が大きかった。

千葉県の銚子《ちょうし》電鉄も、沿線の高校に通う通学生や鉄道自体を目的とした観光客の利用が中心である。生活交通が自動車や自転車にシフトしたため、旅客の減少が著《いちじる》しく、「濡れせんべい」を販売してヒットさせ、旅客の赤字を埋め合わせていた。その後も旅客の減少が続いたことで、さまざまなアイデアで副業収入の増加に努めてきた。

新型コロナの感染拡大により観光客が減り、通学生も減ったことで、銚子電鉄は運行本数を減らした。4月11日より朝6時から11時まで5往復、夕方17時から19時まで2往復を運休にして、1時間に1本ずつの運行としたのだ。それでも利用率は低く、3月は前年の7割減、4月は8割減の日もあったという。

4月15日から、観音駅、外川《とかわ》駅の窓口業務も休止した。

静岡鉄道では、通勤・通学客の減少で4月13日よりダイヤを修正し、平日朝ラッシュ時の6〜9時台の急行の運転を取りやめ、普通列車を6分間隔で運転。日中9〜17時台は10分間隔、夕方17〜19時台は6〜10分間隔、夜間19時以降は運転間隔を拡大するほか、最終を23時00分に繰り上げた。休日は夜間の運転間隔の拡大と終電の繰り上げ、そのほかの時間帯は10分間隔の運転とした。

高知県のとさでん交通はもとの土佐電気鉄道で、高知市内で東西方向に後免町《ごめんまち》〜伊野間、南北方向に高知駅前〜桟橋通五丁目間の軌道線を運行するなどしている。

2019年3月期は、軌道線については、僅《わず》かながら増収であった。

しかし2020年3月期は減収となり、県立学校の休校が2020年4月13日に始まり、最長5月22日まで続いたことから、2021年3月期はさらなる減収となった。
平日は「学休ダイヤ」を実施し、朝通勤時に桟橋車庫前〜高知駅前間、田辺島通〜枡《ます》形《がた》間を走る合わせて13本の電車を運休した。これにより桟橋車庫6時34分、7時25分、45分出庫の3仕業が休止となった。

ローカル私鉄の観光輸送も直撃

近年のインバウンド旅行者の増加を追い風に、ローカル私鉄は相次いで観光列車を導入し、付加価値サービスによる追加料金収入が経営の助けとなっていた。しかし、新型コロナの問題が発生して以来旅客が減少し、運行を中止したものも多い。

大井川鐵道《てつどう》は、JR金谷《かなや》駅から大井川をたどって上流の千頭《せんず》までの大井川本線と、さらに上流の井川までの井川線を運行している。もともと中部電力のダム建設の資材を運ぶのが主たる目的であったが、現在は資材輸送が減少するとともに、沿線の生活交通としての役割も低下してしまった。それに代わって、観光資源としてSL列車の運転を行って、近県だけでなく首都圏からの行楽客も多い。

新型コロナの感染が拡大し、観光客が減少したのにともない、２０２０年４月６日からＳＬかわね路《じ》号、14日から井川線の全線の運行を休止した。さらに学校の休校により通学生の利用がなくなったため、5月13日から通常上下30本のところ、9割を運休して、朝の1往復半だけの運転とした。しかも、そのうちの１本は金谷〜新金谷間の１駅間の運転である。

静岡県内では5月18日から分散登校により授業を再開、25日から通常の一斉登校に戻った。

大井川本線の普通電車は6月13日から通常ダイヤに戻り、井川線も6月20日から全面的に運行を再開。大井川本線のＳＬ列車は6月20、21日に１日１往復した後、22〜25日は運休して、26日から通常の運転に戻った。

空港アクセス輸送も直撃

出入国制限により大きな影響を受けたのが、空港アクセスへの依存度が高い鉄道会社である。

近年インバウンド旅行者の増勢が急激で、一部に観光公害とも言われた状況も見られたほどであった。

日本の入り口としては、成田、羽田、関空がトップスリーで、それぞれへの鉄道アクセスとして、京成《けいせい》電鉄、京急《けいきゅう》電鉄、南海電鉄が輸送力増強に努めてきた。空港アクセス輸送の収入比率も大きく、経営の柱として大幅な旅客の増加を疑う者はいなかった。それが、新型コロナで一気に全滅状態になってしまった。

成田空港の2020年1~12月の利用者数は、グラフ2-1のとおりである。

京成電鉄は2019年10月にダイヤを改正し、スカイライナーの車両を1編成増備して、1日の運転本数を59本から82本に増発した。それまでは基本的には40分間隔で、一

グラフ2-1　成田空港の利用者数

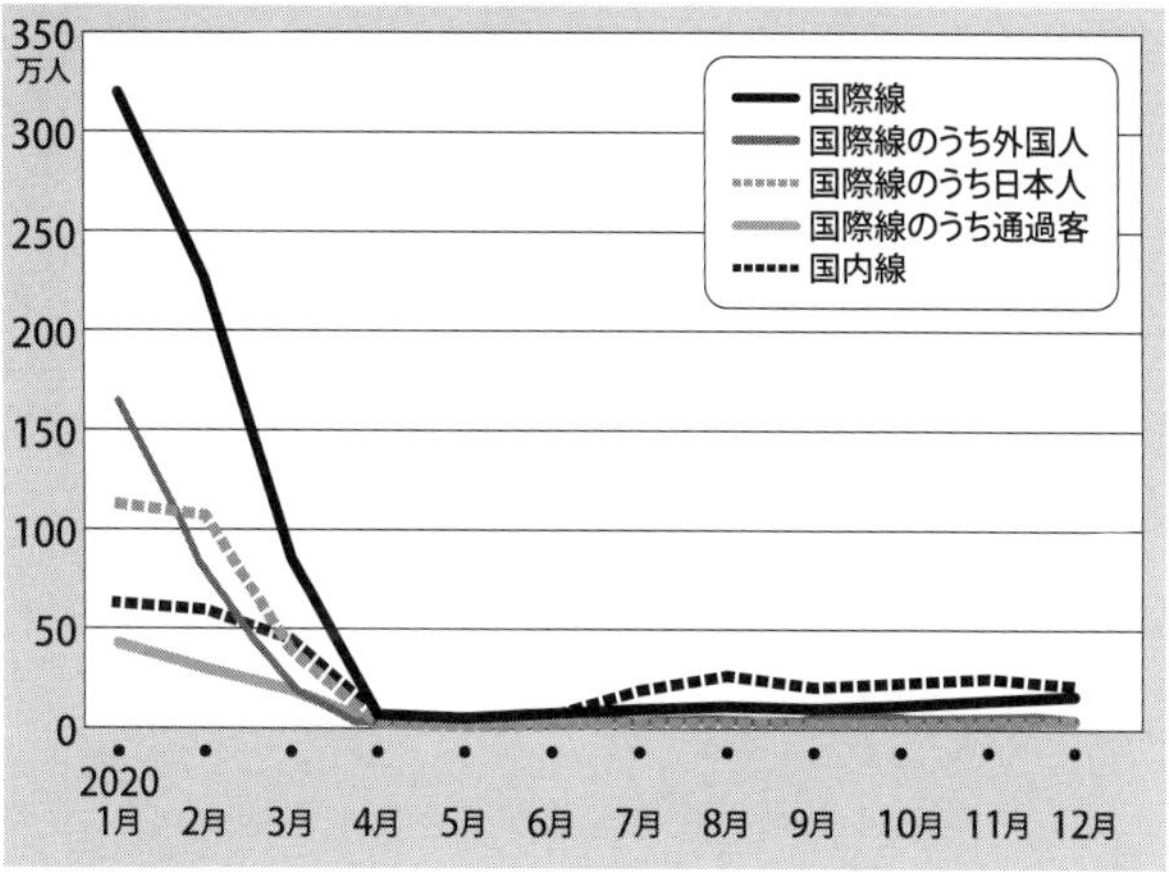

資料：成田空港ホームページ

部時間帯に20分間隔となっていたのが、改正後はほぼ終日20分間隔に変わった。

２０２０年４月11日からは、旅客の減少を穴埋めするためスカイライナーの上下各６本を青砥《あおと》に停車。６月１日からは上下各14本に拡大された。しかし、５月１日からは上下各18本を運休した。

２０１９年度はインバウンド旅行者が過去最多となる勢いで増加していたが、２０２０年２月以降、新型コロナの影響で急激に収入が減少し、２０２１年３月期の鉄道事業の営業収益は前期より39・８％の減少となった。新型コロナによる鉄道事業の減収額は３８０億円に及んだ。全事業では８５０億円の減収。

グラフ2-2 羽田空港の利用者数

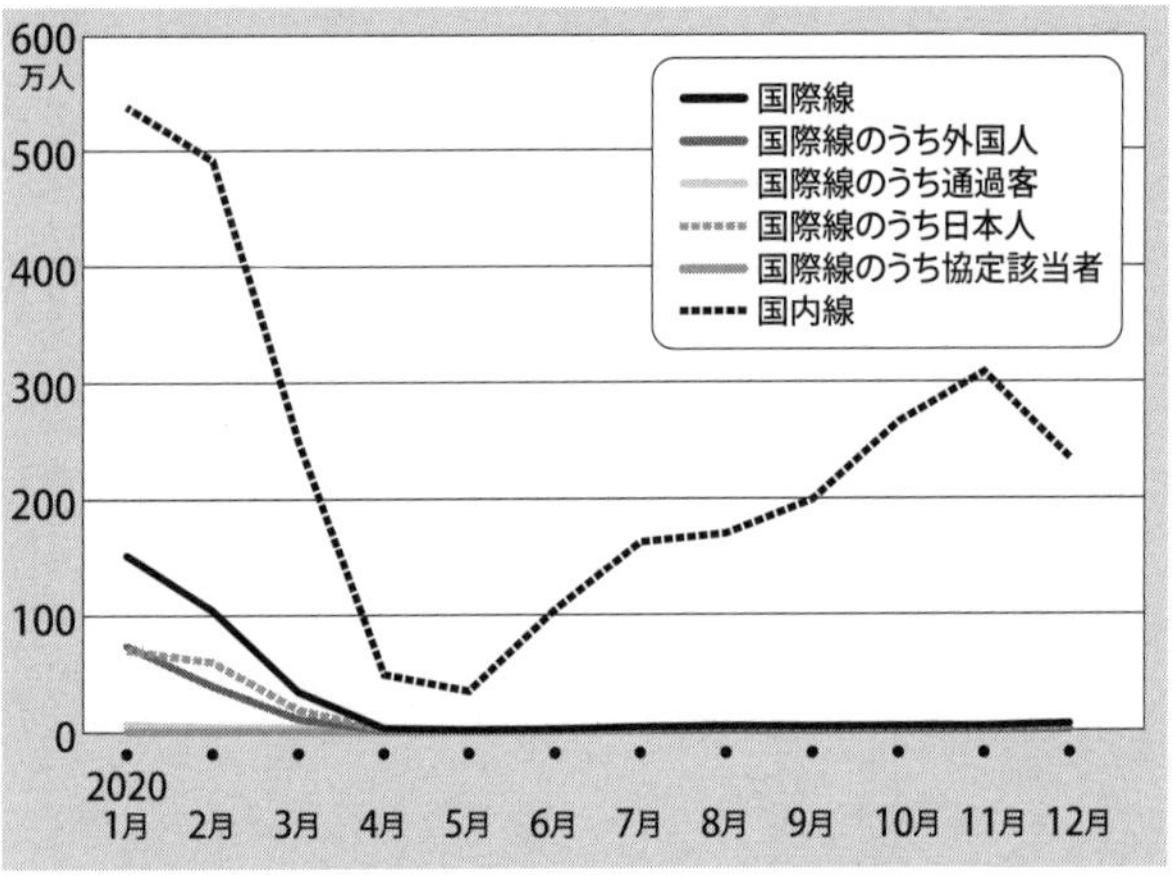

資料：日本空港ビルデングホームページ

羽田空港の２０２０年１～12月の利用者数は、グラフ２－２のとおりである。

京急電鉄の空港関連の旅客数は大きく減少。コロナ禍初期を含む２０２０年３月期の羽田空港２駅の旅客数は４６１５万６千人だったが、翌２０２１年３月期には57・３％減の１９７０万３千人に落ち込んだ。全線での旅客数は同時期の対前期比で30・５％の減であった。

旅客数が大きく減少したものの減便ダイヤは実施せず、ただゴールデンウィーク中の２０２０年５月２日から６日まで、日中の品川～京急蒲田《かまた》間で普通電車27往復を運休したにとどまった。

なお、２０２１年３月27日のダイヤ改

グラフ2-3　関西国際空港の利用者数

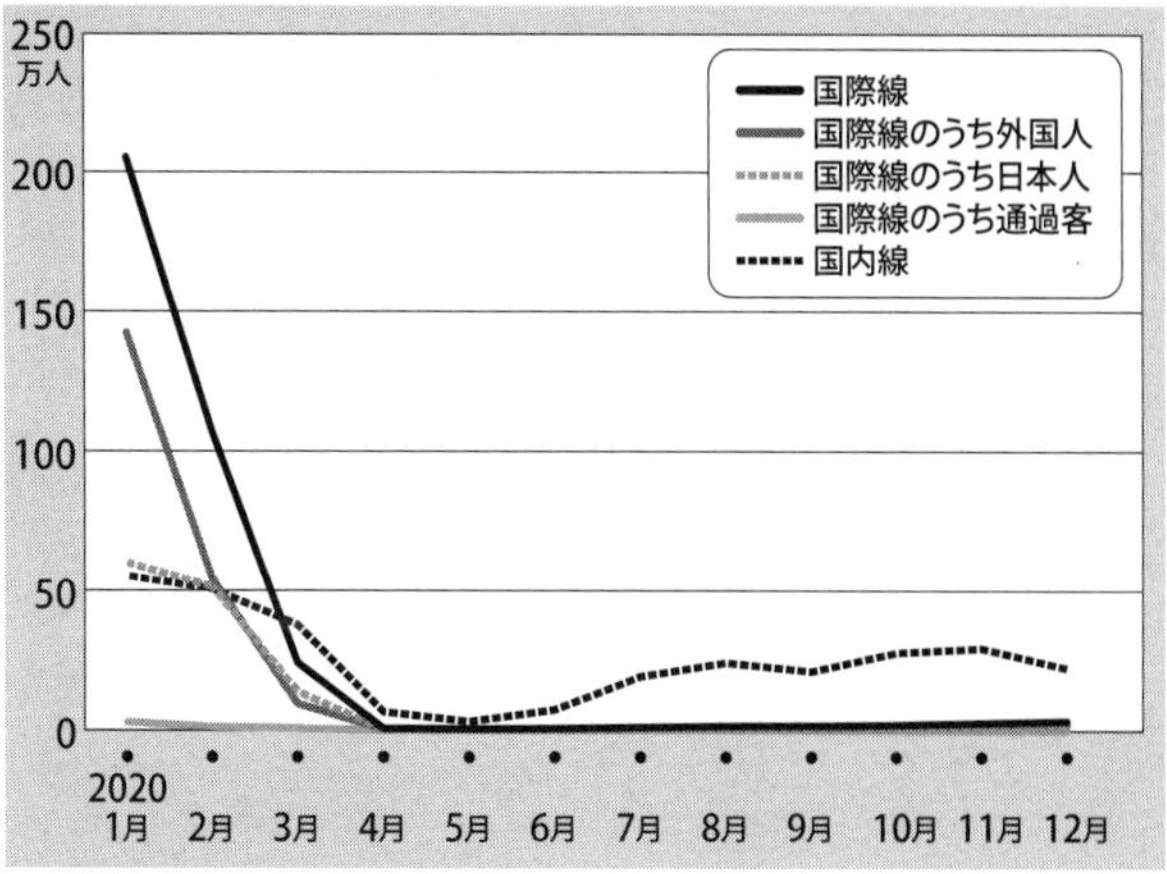

資料：関西エアポートホームページ

正から座席指定快特「イブニング・ウィング」20、22号の下り２本を臨時列車に変更、２０２２年２月26日には18、20、22号の３本を廃止した。

関西国際空港は、伊丹《いたみ》空港と神戸空港とともに、関西エアポートが一体的に経営を行っている。その中で、関西国際空港だけが国際線を扱っている。

関西国際空港の２０２１年１～12月の利用者数は、グラフ２－３のとおりである。

南海電鉄の空港線の２０２１年３月期の利用者数は５１４万４千人で、前期比67・０%減。３分の１に減ったことになる。全路線では、同じ期間に25・6％減少した。

南海電鉄は関空アクセスの特急「ラピート」を、2020年4月24日から難波《なんば》発基準で、平日8時30分から16時30分の間上下各17本、土休日10時30分から22時00分の間上下各24本を運休した。また、橋本〜極楽橋間を運行している観光列車の「天空」も全列車運休した。

ただコロナ禍で旅に出られなかったことのフラストレーションが溜まっており、旅行需要の回復は思ったより早いかもしれない。

JRもキャッシュが激減して資金調達に動いた

JR東日本はオリンピックの年2020年を観光開発のチャンスととらえ、いくつかの取り組みを計画していた。

コロナ禍の中の2020年3月14日には、新型豪華特急列車E261系「サフィール踊り子」の運行を開始したが、6月に入って1日3本を運休した。

8月には、前章でも触れたとおり、伊豆急行の観光列車「THE ROYAL EXPRESS」を使用して、JR北海道、東急電鉄とタイアップして運行する北海道クルーズを実施。1クルーズ30名の募集で、2名1室利用の場合の基本料金は1名68万円と高額である。2月に申し込みが始まっていたが、コロナ問題に水をさされた形となった。

2020年と2021年のいずれも夏に、5回ずつ3泊4日のツアーを設定。2022年夏には、従来のルート5回に新ルート3回が追加された。コロナ禍であるものの、人気が高い。

JR東日本の2019年3月期末のキャッシュ残高は2637億円であったが、2020年3月期末には1538億円まで、1099億円減少した。

キャッシュ不足に対して、2020年3～4月にCP（コマーシャル・ペーパー）と社債で3650億円を調達した。CPとは無担保の約束手形で、1年未満の短期的な資金調達に利用される。

さらに、4～5月には銀行から1500億円の借入をしたのに加えて、当座借越枠を利用して2600億円を確保した。

2021年3月期には1500億円のコスト削減を目指したが、最終的に単体で5177億円と巨額の経常赤字となった。なお、JR東日本の2022年3月期決算の内容は単体で営業収益が1兆4142億円で1495億円の営業赤字。最終損益も992億円の赤字となった。

JR東日本は房総各線や相模《さがみ》線、八高《はちこう》線、宇都宮線、日光線などでワンマン運転を行うほか、山手《やまのて》線などで自動運転に向けた試運転を開始した。また、駅の「みどりの窓口」の削減を進めており2025年には70か所程度とするという。

JR西日本も、期末のキャッシュが、2019年3月期の1366億円から2020年3月期には783億円に半減。2020年3~4月にCPで1000億円を調達し、5月には社債1900億円を発行した。

合理化の一環として、インターネットによる予約の普及により、みどりの窓口を2020年度初めの約340から、2022年度末には約180にまで削減する計画である。

その他、構造改革として2022年4月入社の採用人数を前年の約750名から大幅に減らした約２００名とした。運転士や車掌、事務部門などの人員を約８００人削減することも計画している。

経営危機下で人員のスリム化を行う一方、構造改革や設備投資のために、２０２１年９月公募増資により総額２４２５億円の資本増強（半分を資本金に、残りを資本準備金に）を行った。

２０２２年３月期決算（単体）では営業収益が５７７６億円で、営業損益は１２７０億円の赤字。最終損益は１２１６億円の赤字となった。

２０２０年度のＪＲ北海道の旅客数は、コロナ禍の中で定期旅客は前年度比16・５％減、定期外旅客は47・７％減、全体では29・６％減となった。その結果鉄道運輸収入は、定期９・３％減、定期外57・９％減となり、全体では49・９％減と、ほぼ半減した。

通常北海道の観光客は、４〜９月が累計で９０００万人、10〜３月が５０００万人程度であるが、コロナの夏は５０００万人を下回った。インバウンド旅行者は、ほぼゼロにまで落ち込んだ。

２０２０年７月22日に開始されたＧｏＴｏトラベルは、当初東京都発着の旅行については対象外とされたため、結果的に観光地の人出は本格的な回復とはならなかった。ただ北海道のデータを見ると、6月に600万人程度であったのが、8月には1300万人台まで増加しており、ある程度の効果が見られた。

10月1日にはGoToトラベルの対象に東京都発着の旅行が含められることになり、10月の観光客数は1016万人となっている。北海道の1日当たりの新型コロナ新規感染者数は、それまでの30人程度から300人台にまで一気に上昇した。人の移動が増加したことが、感染者の急増につながったという印象は否めない。

JR北海道はコロナ禍以前から経営問題をかかえ、札幌駅周辺の再開発を進めるほか、2021年3月にダイヤを改正して特急列車の季節列車化や減車を実施し、約1億円の動力費の削減を行った。

また、2021年度からの3年間について措置された国からの支援のうち、貨物走行線区に対する助成金31億円と、省力化・省人化に資する支援として300億円の出資が2021年度第1四半期に実施されるなど、手厚い支援策が講じられた。

同第2四半期には、鉄道建設・運輸施設整備支援機構から約230億円の出資を受けた。これは、同機構からの長期借入金のうちの一部を株式に振り替える「債務の株式化」

という形で実施された。

ホテル・旅行業をグループに持つ鉄道会社にも打撃

西武ホールディングスや近鉄グループホールディングスのように、グループ企業にホテル・旅行業などを持ち、旅行需要に依存する比率が大きい企業は、新型コロナによる経営へのダメージも大きい。

近鉄グループホールディングスの2021年3月期決算ではすべての事業で減収・減益となり、全体で営業収益が前期から4970億円の減少。営業損益は1115億円減の621億円の赤字となった。2022年3月期第3四半期の決算では、前年同期の大幅減収の反動で、運輸業、不動産業、ホテル・レジャー業が増収となり、全体では254億円の増収(前年同期比)となったが、コロナ前の状況に比べて大きく経営状況が悪い。

2022年3月期の連結の営業利益は、前期に比べて659億円改善し、39億円の黒字となって、かろうじて赤字を脱した。

近鉄単体の鉄道の輸送人員は、コロナ禍に入った2021年3月期第1四半期を前年同期と比べると、定期が24・9%減であるのに対して定期外が56・0%減となっている。沿線に多くの観光地を持ち、広大な路線網に大規模に特急列車を運行する近鉄の特徴を反映した形となった。

費用を抑制するため、2021年7月3日に大幅な列車走行キロの削減を内容とするダイヤ改正を実施。賞与の削減や年金制度の変更で人件費を削減、車両・施設の修繕を抑制あるいは先送り、広告宣伝費や管理費も削減した。これにより、営業費用は、コロナ禍前の2019年度の1271億円から、2020年度には1171億円に、2021年度には1062億円になる見通しである(2022年3月期第2四半期決算説明会資料より)。

ホテル事業では2021年11月の客室稼働率は56・0%まで回復したものの、2022年1月には33・3%に再び下がっている。2022年3月期第2四半期の決算説明会資料では、同下期の売上高は対平年度で約50%、通期で約40%にとどまると予測している。

近鉄グループホールディングスは、資産の流動化の一環として、2021年10月に全ホテルの3分の1となる8施設について、ブラックストーン社と共同出資して設立する特定目的会社に売却、近鉄グループが運営委託を受けることとなった。残り16施設は直営のままで、直営と運営委託が混在することになった。

旅行業では事業規模のダウンサイジングを進め、2020年11月138ある近畿日本ツーリストの個人旅行店舗を2022年3月末までに3分の1に縮小、95ある団体旅行支店も約25店舗を閉鎖すると発表した。引き続き、2022年度以降2018年度比で約200億円の経費削減を進める中期計画を作成している。

西武ホールディングスも、プリンスホテルなど31の施設をシンガポールの政府系ファンドGICに売却する契約を締結した。売却価格は1500億円。ホテルの運営は、従来どおり、プリンスホテル(西武・プリンスホテルズワールドワイド)が行う。いわゆる事業固定資産の流動化の手法で、当座の現金を手にすることができるほか、損益計算書に固定資産の譲渡益を計上できる。

幻に終わったオリンピック特需

政府は、オリンピック・パラリンピックでインバウンド4000万人の大風呂敷を広げていたが、完全に期待外れに終わった。

2021年6月には感染拡大がいったん収まったが、7月に入って再び新規感染者が増加に転じたため、東京オリンピック・パラリンピックの無観客開催が決まった。国立競技場での開会式も無観客での開催となった。

その後の試合も無観客での開催が多かったが、一部観客数を制限して有観客で開催された。そのほか学校連携プログラムでの小中学生の観戦が計画されたものの、かつてない感染拡大を受けて、中止されたところが多かった。

その中で、宮城県は宮城スタジアムでのサッカーの試合に観客を入れた。観客輸送のために、JR東日本は東北新幹線で、2021年7月21日に下り2本と22日に下り3本の臨時列車を運転した。22日のうち1本は山形新幹線の「つばさ」で、残り2本は東北新幹線の「やまびこ」に「つばさ」を併結した。

そのほか、東北本線の仙台～利府《りふ》間、仙石《せんせき》線のあおば通～多賀城《たがじょう》間で午後の時間帯を中心に大幅に増便した。とくに試合の終了が深夜となる日には、深夜の1時台に仙台発の小牛田《こごた》行き、白石《しろいし》行き、山形行き、あおば通発の高城町《たかぎまち》行きが運転された。

しかし、当初計画していた仙台から東京への夜行新幹線の運転は中止された。

それに対して、東京都、千葉県、神奈川県、埼玉県を会場とする試合はいずれも無観客となったため、当初計画していた首都圏21路線の深夜輸送と、競技会場最寄りとなる路線（京葉《けいよう》線、川越線、総武快速線、総武本線、成田線、鹿島線、横浜線、武蔵野線など）の日中の臨時列車の運転はすべて中止された。

JR東日本は、オリンピック輸送のために中央・総武緩行《かんこう》線の千駄ヶ谷《せんだがや》駅、信濃町《しなのまち》駅、山手線の原宿駅のホームの増設やホームドアの新設など、設備投資を行った。しかし、まったくの期待外れに終わったことで、減価償却費の増加など、費用の負担だけが残った形である。

政府による資金繰りの支援は不十分

新型コロナによる自粛は、企業の規模の別なく、大きな損失を生んだ。鉄道では、JRといった大企業も、地方のローカル私鉄も、コロナ禍で経営状況は惨憺《さんたん》たるものになった。

国は、2020年度に3度の補正予算を国会で通過させた。内容には、国の金融機関からの融資と利子補給、民間金融機関による融資に対する信用保証が含まれる。これにより、とりあえずの資金繰りを支援しようというのである。

しかし、地方のローカル私鉄の場合、新型コロナの問題がなくても経営状況が厳しいことから、後年度の返済資金を捻出することが難しいケースも出てくるであろう。

今のところ、経営を支援する助成制度としては、感染拡大防止のための実証実験に対する補助金や固定資産税、都市計画税の減免程度である。

望むらくは、後年度の返済に対して、一定率を助成する制度の創設が求められる。

大幅減便のダイヤ改正

ＪＲ各社は春と秋にダイヤ改正を実施してきたが、現在では春がメインとなっている。２０２１年３月のコロナ禍に対応するダイヤ改正は、終電の繰り上げが中心で、輸送力の大きな変更はなかった。

しかしコロナ禍による影響が２か年にわたることになり、巨額の赤字を計上することになって、運行本数にも大きく切り込んだコスト削減を実施しなければならない状況に陥った。

本州３社はいずれも大幅な減収・減益となったが、２０２２年３月ＪＲ東日本とＪＲ西日本が大都市圏のいわば稼ぎ頭の路線のダイヤに切り込んだのに対して、ＪＲ東海は、在来線への新型車両の投入により、増発を含む輸送改善を実施したのが対照的である。

ＪＲ九州は、すでに２０１９年から新幹線を含む全路線での運行本数の見直しを実施してきており、これ以上のダイヤ削減は難しいところまで来ている。この点は、ＪＲ北海道とＪＲ四国も同じである。

2022年3月12日実施のJR東日本のダイヤ改正
首都圏の主要路線　最も運転数が多い1時間の運転本数

線　　区	改正前	改正後
東海道線	19本	17本
横須賀線 (湘南新宿ライン・相鉄線直通列車を除く)	11本	10本
山手線(外回り)	21本	18本
山手線(内回り)	22本	20本
中央線快速	30本	29本
中央・総武線各駅停車(千葉方面行き)	23本	19本
宇都宮線	13本	11本
高崎線	14本	13本
京浜東北・根岸線(大船方面行き)	25本	23本
常磐線快速・常磐線	19本	15本
常磐線各駅停車	23本	20本
総武線快速	19本	18本
中央・総武線各駅停車(三鷹方面行き)	26本	25本
南武線	25本	24本
横浜線	19本	17本
青梅線	17本	16本
京葉線(武蔵野線直通列車を除く)	15本	13本

私鉄については、関東では2022年3月に一斉に減量ダイヤが実施された。これは、JR東日本を含めて相互に直通運転をしており、単独でのダイヤ改正が難しくなっているためであろう。

その点、関西は、JRと私鉄の直通運転がなく、私鉄同士でも近鉄・阪神、阪神・山陽くらいで、地下鉄の乗り入れも堺筋《さかいすじ》線・阪急京都線と中央線・近鉄けいはんな線くらいに限定される。

近鉄や京阪のように、2021年に減量ダイヤに移行した例がある一方、コロナ禍の影響による大幅なダイヤ改正をしなかった私鉄もあった。

新幹線でも荷物を輸送して収益を狙う

コスト削減にとどまらず、余力を活用して、少しでも収益を増やそうという模索も行われている。

新幹線については、新型コロナ第5波の収束を受けて、JR東日本がさっそく東北・秋田新幹線の運転計画(2021年9月27日発表)を変更して、11月中の運休列車の復活を決めた。平日は「はやぶさ」下り1本、上り2本と「こまち」下り1本、上り2本が追加となった。平日の「こまち6号」は、盛岡で連結される「はやぶさ」が土日のみの運転であるため、盛岡から東京までも単独運転する。

あたらしい輸送サービスとして、新幹線での荷物輸送の取り組みも進められていた。

まず2021年4月に、北海道・東北新幹線を活用した鮮魚・駅弁輸送を開始。新函館北斗〜東京間で業務用室内の空きスペースに荷物を積み込み、東京駅構内の店舗や首都圏の飲食店に輸送するというもので、子会社のJR東日本物流が実施する。

4月15日から「はやぶさ18号」「はやぶさ22号」による鮮魚輸送を開始。市場開催日(年間約250日)に各列車1日30箱ずつを運んでいる。

4月21日からは「はやぶさ10号」による駅弁の輸送を開始。毎日4箱、約80食を運んでいる。

そのほか、スポット輸送として、4月22、23、24日、「はやぶさ14号」を使った魚力による「朝どれ鮮魚」30箱。5月7、13日には「はやぶさ10号」で「朝どれアスパラガス」2箱を輸送し、新宿高島屋での催事で販売された。

6月17日には、「つばさ132号」「つばさ136号」により上野駅で開催された山形産直市で販売される特産物が輸送された。

この取り組みに刺激されて、大宮駅を中継する輸送が要望されたことから、トライアルとして、上越新幹線が7月30日、8月5日、東北新幹線が8月23日に、大宮駅までの荷物の輸送の実験を行った。JR東日本物流が実施し、JR東日本が列車の運行を担当した。1回当たり100箱程度の地域産品を輸送した。

10月1日からは、東京駅と仙台駅・新潟駅を結ぶ新幹線による荷物輸送を開始して、「はこビュンQuick」の愛称をつけた。首都圏のスーパーマーケットや食品小売店、飲食店、百貨店へ向けた定期輸送を強化すると同時に、下りを利用して、地方駅への商品の輸送に積極的に取り組むという。

JR九州も、2021年5月18日九州新幹線を使って、博多と鹿児島中央の間で企業や個人の荷物を輸送するサービス「はやっ！便」を開始した（2022年1月18日から博多～熊本間でも開始）。1日に博多発2便と鹿児島中央発3便で、1便当たり、縦×

横×高さ3辺の合計が80センチの荷物の場合、15個運べる。荷物の受け渡しは、博多駅と鹿児島中央駅のみどりの窓口で行う。

また、佐川急便とタイアップして、博多と鹿児島中央の間での宅急便の輸送も開始した。駅から末端区間の輸送を佐川急便が行う。

10月にはさらに輸送区間を延長して、鹿児島中央と新大阪の間の荷物輸送の実験を行った。

ＪＲ西日本も伯備《はくび》線の普通電車を利用して、２０２１年1月29日から4回にわたって、備中高梁《びっちゅうたかはし》～岡山間で農産品の配送ボックスの輸送の実証実験を行った。ヤマト運輸が引き受けた荷物の、備中高梁駅から岡山駅への間の輸送を、ＪＲ西日本に委託するというもの。ＪＡ晴れの国岡山から岡山駅構内の駅ナカ店舗に新鮮な野菜を運ぶ。結果が良好であったため、7月29日から定期便を開始した。

同区間には特急も走るが、ドアの幅や積載スペースの都合で、普通列車が使われることになった。

リモートワーク(テレワーク)需要を取り込む

ＪＲ東日本は、コロナ禍による働き方の変化に対応するため、リモートワークのためのコワーキングスペースの提供に力を入れている。もともとコロナ禍前の２０１９年にサービスを始めたものであるが、期せずしてタイミングがマッチした。

当初は、駅構内の遊休スペースを活用してボックスタイプのワーキングスペースを提供するものと、オープンスペースでデスクをシェアするものの、２つのタイプで始まった。現在では、会員制のシェアオフィスサービス「STATION WORK」として、ボックスタイプの「STATION BOOTH」、オープンタイプの「STATION DESK」、ホテルの客室を活用するホテルシェアオフィスのバリエーションがある。

STATION WORKは、２０２１年９月に秋田空港内にオープンしたロイヤルスカイや秋田駅直結のアトリエアルヴェのように、地方にも開設されている。弘前《ひろさき》駅や秋田空港２階の出発ロビーわきなどにもSTATION BOOTHが設置されている。

また、西武鉄道と連携して高田馬場《たかだのばば》駅、国分寺《こくぶんじ》駅の構内にもSTATION BOOTHを設置している。

2023年度までに1000か所での事業展開を行う計画で、2022年3月現在、500か所以上で営業している。

さらにJR西日本と提携して、STATION WORKの会員を対象に、JR西日本グループのホテル11館でリモートワーク用に客室のデイユースを開放している。例えば、ホテルグランヴィア和歌山では、8～13時、13～18時は3850円、8～18時は4620円で利用できる。

2021年4月には、藤田観光と提携して、同社が経営するワシントンホテル4施設、ホテルグレイスリー4施設でホテルシェアオフィスのサービスが開始され、事業の拡大が急ピッチで進んだ。

現在は、月額制ラウンジとして「STATION SWITCH」のサービスも展開している。リモートワークの「ビジネス」と仕事後の「プライベート」の両方の場面での利用を想定したサービスである。最初の事例として、横浜駅直結のワークスペース「STATION

SWITCH横浜」がオープンした。

ＪＲ東海は、駅でのワークスペース事業として、２０２１年12月上旬に「EXPRESS WORK」を始めた。電車待ちのちょっとした空き時間に仕事をする場所というイメージのボックス型とラウンジ型、オフィス型が用意されている。

また東海道新幹線で、２０２１年10月から、「S Work」のサービスを開始した。「のぞみ」の７号車をコワーキングスペースとして開放するもの。

待合室にもビジネスコーナーを設置した。東京駅では電車の入線時刻が発車間際であるため、待合室でのパソコンワークのスペースとして提供される。

ＪＲ西日本は、ＪＲ東海とともに新幹線でS Workのサービスを提供するほか、ワークプレイスネットワークの構築を進めている。１店舗目の「Work PLACE COCOLO阿倍野《あべの》」を２０２０年11月にオープンした。その後、高槻《たかつき》、姫路《ひめじ》、三ノ宮《さんのみや》、新大阪、大阪にもオープンしている。会議室を備えたコワーキング施設で、企業のサテライトオフィスとしても活用できそうである。

以前から貸し会議室はあったが、多くは都心部に立地し、企業の都心オフィスの機能を補完するものが多かった。三ノ宮や姫路だと、テレワークというよりも、出張のビジネスパーソンが簡単に会議の準備をしたり打ち合わせに利用したりする施設という印象を持つ。

需要喚起のための値下げ

ＪＲ東日本は需要喚起策の一つとして、２０２１年10月1日から通勤・通学定期券と特急券で利用できる「えきねっとトクだ値（チケットレス特急券）」の設定区間を、「成田エクスプレス」、通勤・通学時間帯に運転する「湘南」「スワローあかぎ」「あかぎ」「はちおうじ」「おうめ」に拡大した。成田エクスプレスの場合、大船《おおふな》～成田の通常料金が２３９０円のところ、１１９０円に割り引かれる。

小田急は、全区間小児50円均一という画期的な運賃を設定した。6～12歳の児童が対象だ。

2018年度の運賃収入のうち、6~12歳の児童の運賃が占める割合は0・7%に過ぎないという。値下げによって2億5000万円の減収となるが、「子育てがしやすい沿線」をアピールする企業のイメージ戦略の一環として実施されるものである。

小田急は、従来から子供向けに1日100円全線乗り放題を実施してきた。2019年には6月1日の創立記念日に合わせて、1日(土曜日)、2日(日曜日)の2日間を「こども100円乗り放題デー」として実施された。これにより子供1人に対して少なくとも大人1人が小田急を利用し、7割が外出機会が増えたという。通常、1日全線フリー乗車券の子供用の価格は1000円である。

子供のうちから鉄道利用の習慣をつけると、将来鉄道の利用を増やすことに貢献するという考え方でもある。

ただ、コロナ禍で値下げをするケースはごく少数である。

コロナとは別に、長年高運賃が問題となっていた北総鉄道が、2022年10月から平均15・4%の運賃引き下げを実施する。

運賃・特急料金の値上げ

多くの鉄道会社は、コロナ禍による減収を埋めるための施策として値上げを検討している。

ＪＲ東日本の２０２１年３月期の鉄道運輸収入は、前期より46・８％の大幅減となった。２０２２年３月期でも、前期比で16・７％増、２０２０年３月期比では62・１％にしか戻っていない。

増収策として、ＪＲ東日本は２０２２年４月、新幹線・特急列車のグリーン料金などの改定を行った。新幹線のグリーン料金は、２００２年に東北新幹線が八戸《はちのへ》まで開通した際に、需要喚起のために値下げをしていたが、これをＪＲ６社の共通額に変更する。例えば、１００キロまで１０５０円が１３００円に、５００キロまで４１９０円が５４００円に、７０１キロ以上は５２４０円が６６００円となる。

伊豆方面の観光列車「サフィール踊り子」のプレミアムグリーンも、２００キロまで

3600円が4300円、グリーン個室の6人用個室は1万2600円が1万6800円となった。

また、シーズン別の指定席特急料金を改定し、あらたに最繁忙期930円を設定して、JR東日本管内と北海道新幹線、北陸新幹線で2022年4月より実施した。

JR東日本は、ピーク時の運賃を高く、オフピーク時を安くする、時間帯別の運賃を検討しているという。

もともと「ピークロードプライシング」として、ピーク時の混雑緩和を目的に、需要シフトの手法として議論されてきたものであり、需要に応じて弾力的に小まめに運賃・料金を変える「ダイナミック・プライシング」の考え方にも通じる。

首都圏の鉄道会社は、混雑緩和のために巨額の投資を行ってきたので、ピークカットができれば、さらなる投資が必要なくなるという発想である。

コロナ禍による減収の穴埋めではないので、値上げによる増収と値下げによる減収のバランスを取って、全体では時間帯別運賃を実施しない場合と同じ収益に調整するという。

ただし、現在のところ発表されたのは、2023年春に首都圏の一部区間で10円程度の値上げを行うことだけである。あくまでもバリアフリー施設の整備に充てるためとしている。

時間帯別運賃の導入には制度面がクリアできたとしても、改札機などのハードの課題があるものと思われる。改札機は、一瞬のうちに運賃を計算して、カードから金額を差し引く。運賃が複雑化すると、それだけ改札機の負担が増大し、処理時間も増加しかねない。

東急電鉄の鉄軌道事業は、2021年3月期に前期比で435億円の減収となったため、2023年春に運賃を10円程度(平均12・9%)引き上げることを発表した。他社に比べて平均乗車距離が短く、初乗り運賃の比率が高くて旅客数が段違いに多いため、僅かな値上げでも増収額が大きい。

JR西日本は、2023年4月から近畿圏で実施している特定区間運賃を34区間で普通運賃10~40円値上げし、通勤定期も値上げを実施する。もともと並行私鉄との競争で運賃調整をしていたもので、調整運賃自体を廃止して本則の金額が適用される。このほか65区間で6か月通勤定期を値上げする。

ＪＲ九州は、２０２２年４月から自由席特急料金を値上げした。25キロまでが３１０円から５００円に６割増し、50キロまで６３０円が７５０円に２割増しなど。また、正規の料金より低く設定されている特定特急料金（自由席）も、新幹線の料金に合わせて調整した北九州地区と博多間の５２０円は、６００円への値上げとなった。

さらに、指定席特急料金の加算額（通常５３０円）に繁忙期（ゴールデンウィークや学校の長期休暇中など）の料金として７３０円を設けた。

ななつ星in九州についても、定員を20名に減らす大規模なリフォームを実施して、２０２２年10月からツアー料金を３泊４日コースで最高１７０万円とする。

近鉄も２０２３年４月より運賃改定を予定しており、改定率は平均17・０％、通勤定期18・３％、通学定期９・２％となる。初乗り運賃は現行の１６０円から１８０円に変わる。なお、特急料金と鋼索線《こうさく》（ケーブルカー）は据え置き。

東京地下鉄も2023年春に運賃を改定して、現行170円（乗車券）の初乗り運賃を180円にする見通しという。

第3章

コロナ禍前から将来へと続くトレンド

少子高齢化による旅客の減少

日本では、少子高齢化によって人口が減少しているだけでなく、人口構成のいびつさが拡大している。今後、いっそうこの傾向が増幅される。

２０１５年には、日本の人口はすでに減少期に入っている。国立社会保障・人口問題研究所の２０１７年発表の推計によると、２０１５年に１億２７１０万人いた日本の人口は、２０３０年には１億１９１３万人にまで減少するという。

65歳以上の人口は２０１５年には３３８７万人で、高齢化率は26・６％。先進国の平均の17・６％を大幅に上回っている。これが、２０３０年には31・２％にまで上昇すると予測されている。

必然的に15歳から64歳までの生産年齢人口は減少し、そのため人口の高齢化によって需要が増える介護分野や医療分野、あたらしい産業分野として成長が見込まれるＩＴ産業、そして航空機のパイロットやトラックの運転手などで大幅に働き手が不足すると予測されている。

もう一つの問題が、人口の東京への一極集中と地方の衰退である。

２０１５年と比べて２０３０年には、全国の人口が６・３％減少すると予測されているが、国立社会保障・人口問題研究所が２０１８年に発表した推計によると、東京都は２・７％の増加、次いで沖縄県も２・５％増加すると見込まれている。愛知県や神奈川県はほぼ横ばいで、そのほかの道府県はすべて減少するという。とくに、高知県と、宮城県を除く東北地方の県が、大きく人口を減らすと予測されている。

全国の人口が減ると同時に、人口が増加する東京都と大きく減少する地方とで人口格差が拡大する方向に進むとされているのである。

地方から都会への人口の移動は昭和30年代からの傾向であり、国は全国総合開発計画などを策定して都市と地方の格差の縮小を図ってきたが、大きな成果を上げることはなかった。それが今後も続くということだ。

東京の大学に進学して、そのまま東京で家庭を持つケースが多いことから、その分、地方の人口の高齢化が加速した。人口の高齢化の問題は、大都市ではここ10年でクローズアップされたが、地方部ではすでに数十年前に顕在化していた。日本の農林漁業は、賃金労働者に比べて所得水準が低かったため、なかなか若者をひきつけなかった。農業の担い手は中堅からシニアの人たちであった。近年は、地方でもアクティブな若者が農業の担い手として登場し、地域を活性化させているところもあるが、大勢《たいせい》としては高齢化している。

『令和3年版高齢社会白書』によると、2020年10月1日時点での日本の高齢化率は2015年の26・6％から28・8％に上昇。都道府県別に見ると、最も低いのは沖縄県で22・2％。次いで東京都が23・1％、愛知県25・1％、神奈川県25・3％。それに対して、高齢化率が最も高いのは秋田県で37・2％。次いで高知県が35・2％、島根県34・3％、山口県34・3％と続く。

今後人口の減少は不可避であり、とくに公共交通機関を利用することの多い生産年齢人口は、2015年から2030年の間に11・0％減少すると予測されている（国立社会保障・人口問題研究所の2017年の推計による）。つまり、公共交通機関の利用者は、15年間で少なくとも11・0％減少するのが確実なのである。

働き方改革による混雑緩和

高度経済成長の時代、通勤電車の増発・増結が進められたが、熾烈《しれつ》な混雑を緩和するには十分ではなかった。そこで当時の運輸省は、産業界に「時差通勤」を要請した。

当時は横並びで午前9時始業が定着していて、通勤者はこの決まった時間めがけて鉄道駅に殺到した。電車の混雑は定員の3倍を超え、ドアを閉めるためにホーム側から客を押して詰め込む「押し屋」が活躍した。

大きく混雑を緩和するには新線建設や複々線化が必要であったが、巨額の資金とともに、完成までに10年近くの時間を要した。

そこで、即効性のある方法として、企業の始業時間を変えて狭い時間帯へ通勤客が殺到することを軽減することを目指した。

企業のほうも、通勤の混雑で社員が体力を使ってしまっては損失である。会社にようやくのことで到着すると、それで1日のエネルギーの半分を消費してしまっていたということもありうる話であった。仕事の能率が上がらず、疲労でミスも増えかねなかった。

大企業では、全員が出社するコアタイムを中心に、始業・終業の時間を柔軟に決められるフレックスタイム制が取り入れられ、次第に「時差通勤」は定着していった。


鉄道会社のほうも、かつては朝ラッシュ時の60分間に車両を総動員して、その前後の時間帯は大きく列車の本数が減ってしまっていたが、次第にラッシュ後の午前9時台の輸送力の増強に力を入れるようになった。

ピークの旅客をその前後に移すことによって、ピーク時の混雑が緩和されることになり、さらなる輸送力の増強が必要なくなって、鉄道会社にとっても投資額を抑えることが可能になるという、それ相応のメリットがあった。

低迷を続ける日本経済

交通需要は、旅客・貨物のいずれも国民所得との相関が大きく、しかも観光需要などはとくに所得弾力性が大きい。景気が低迷して人々の所得が減ると、生活のための支出に圧迫されて、旅行どころではなくなる。

２０３０年の日本経済はどうなっているかというと、新型コロナの影響を除いても、悲観的にならざるをえない。

現在、世界を牽引《けんいん》しているＡＩやＩｏＴ、５Ｇといった情報処理の分野で日本は立ち遅れている状況で、素材分野では優位に立っているものの、アジア諸国での技術力の高まりによって、いずれ取って代わられるであろう。これからの日本経済を牽引する産業分野を欠くという、深刻な状態である。

日本の産業は、中小企業の技術力や職人芸にスポットライトが当てられるものの、これらの分野は付加価値が低く、やはり高付加価値の先端技術の分野で低位にあることが、これからの日本経済の弱体化を想像させる大きな要素である。


ただ、日本は海外への投資が世界一の規模であり、弱気の貿易収支を補完したうえで、大きな国際収支の黒字を生み出している。

日本は、国民の貯蓄率が高いのが特徴である。かつては国による貯蓄の奨励があり、貯蓄を美徳とする国民性があった。銀行に貯蓄することで銀行が企業への融資の原資を豊かにし、企業の設備投資を後押しした。
しかし、企業の設備投資が減り銀行の貸し出しが縮小した現在では、個人や企業の貯蓄が海外に向けられている。日本人は、貯蓄した資産の運用益で稼いでいるのである。

日本人がすべて貧しくなるかというと、そうとは限らない。資産の多い人たちは、海外への投資からの利益により、所得が減らないかもしれないし、かえって増加するかもしれない。シニア人口の増加が、旅行に対する支出の増加につながるかもしれない。日本人の旅行需要が単調に減少していくという訳ではないだろう。

海外からの旅行者はコロナ禍前に年間3000万人を超えたが、2030年には5000万人に近づくという予測もある。

また、東京はグローバルなビジネスセンターとして、シンガポールや香港、上海と競っている。その中で、東京は成熟した民主主義により政情が安定している。それに、東京は社会資本、とくに地下鉄や都市鉄道などの交通ネットワークが充実している。

それにとどまらず、東京や大阪にグローバル企業がアジアの拠点を置くような環境整備を進める必要があるだろう。都市鉄道の整備や都心部の再開発に対する社会的な要求が高まることが予想される。

とくに、国際空港と都心の間のアクセスやグローバル企業がビジネスをしやすいようなインフラ整備をしなければならないし、海外からのビジネスパーソンが生活しやすいようショッピングセンターや文化施設など、生活環境を改善させる取り組みも必要となる。

進む自家用車離れ

国内の自家用車の保有台数は現在でも僅かながら増加しているが、世帯数の増加率のほうが高いために、世帯当たりの保有台数は2019年度末の1・043台から、2020年度末には1・037台へと減少している。2014年度末は1・069台であったので、この間に3％低下していることになる。

背景には、大都市内での若年層の自動車離れ、カーシェアやレンタカーへのシフト、高齢者の免許返納の普及がある。

非正規労働者の増加により所得水準が低下し、自動車の購入代金や保有コストの負担が嫌われるようになったこと、大都市内では長距離の通勤を嫌って都心近くに居住し、自転車や徒歩で職場に通う、職住隣接を選ぶ世帯が増えたことなども、自動車の保有率が低下した理由と考えられる。

大都市では、若い夫婦が居住地を選ぶ要素として、鉄道が便利なことを重視する傾向がある。地下鉄千代田線の支線の北綾瀬まで10両編成が直通するようになると、北綾瀬駅周辺のマンションの人気が一気に高まった。

高齢者の運転操作の誤りによる死亡事故が多発して、高齢者の運転免許の返納に対する社会的要求も高まっている。

しかし公共交通サービスの水準が低い地方では、自家用車がなければ生活できず、なかなか免許の返納に踏み切れない現実がある。

２０２０年末現在65歳以上の運転免許保有者は１９０７万８千人で、免許を自主返納した人は２・８％に当たる52万６千人である。85歳以上でも、なお66万８千人が運転免許を保有しているのが現状である。

第4章

ヨーロッパで起こった鉄道事業の新自由主義化

ヨーロッパの復興を支えたケインズ経済学

日本の鉄道事業の仕組みは、ヨーロッパでの近年の大きな政治的変革の影響を受けている。そこで本章では、ヨーロッパの鉄道事業について見ていくことにする。

その政治的変革とは、1980年ごろに始まった「新自由主義」と呼ばれる経済政策のイデオロギーの台頭である。現象面では、「小さな政府」が推進され、規制緩和が進められた。鉄道政策では、市場メカニズムの導入にともなって、「上下分離」「PFI」という考え方が登場し、さらに参入・退出規制の緩和と運賃規制の改革をもたらした。

欧米先進国では、もともとたいていの鉄道・軌道事業は公営で、経営は不採算であった。鉄道が斜陽産業になった1960年代ごろには鉄道経営に採算化が求められ、不採算路線が大規模に廃止されて、鉄道のネットワークが大きく縮小した。

しかし、その後のオイルショックや環境問題への関心の高まり、ヨーロッパにおける市場統合の進行、航空路の輻輳《ふくそう》といった要因で、鉄道への社会的な要求が高まり、国や自治体といった公共が高速鉄道の新設や鉄道網の維持に資金を投じるようになった。

第二次世界大戦後、自由主義と社会主義の2つのイデオロギーで世界が分割されることになるが、自由主義圏を支配したのはケインズ経済学であった。

ケインズ経済学は、もともと新古典派経済学に対する批判から提起された考え方で、基本的には、有効需要の原理、つまり失業は社会の総需要が不足しているために発生するのであり、完全雇用を実現するためには国が総需要を補填《ほてん》するような政策をとるべきだ、とする。

戦後ヨーロッパでは、アメリカのマーシャルプランに基づき経済復興が進められた。アメリカによる巨額の資金援助により、西ドイツを含むヨーロッパの自由主義圏の国々の再建が進められた。戦争により疲弊した経済下では人々の消費が伸びず、自律的な経済復興につながらないため、援助資金をもとにした国による大規模な財政出動が図られた。これが引き金となって生産が拡大し、人々の所得が増加して、結果として総需要が増加し失業が減っていった。

その理念的基盤にあったのが、ケインズ経済学であった。

新自由主義の台頭

とくにイギリスでは、二大政党による頻繁な政権交代が行われることになるが、戦後、労働党が政権を手中に収めると、重要産業の国有化と「ゆりかごから墓場まで」という高福祉政策が進められた。景気が悪い時は労働党の手厚い社会政策が評価され、景気が良くなると保守党が政権をとって、自由主義的な経済政策に転換し、財政支出を抑えた。

このような放漫財政と緊縮財政を定期的に繰り返す「マッチ・ポンプ」の財政支出が続いたことから、翻弄《ほんろう》された民間企業はやる気をなくし、税収不足から財政赤字が蓄積していった。

そのため、財政赤字の原因となった財政支出に依存したケインズ的経済政策の見直しの機運が醸成されていった。

このころアメリカの制度学派の研究者は、国の政策は業界の意向に沿ったものとなりかねず、国の規制は経済界の利権につながったという考え方を強めた。

例えばシカゴ大学のスティグラーはアメリカの運送業を分析し、国による規制の結果、運賃水準が上昇し、業界に利益をもたらしていたことを証明した。

また、経済活動に国や自治体が関わることにより、純粋民間企業が事業として実施するのに比べて、コストが割高となり、非効率であることが主張された。

国が経済活動に干渉することで、民間企業は効率化の動機を損ねているという考えから、国の経済への関与を縮小する「小さな政府」の考え方が浮上した。

税収を増やそうと企業の経済活動に国が課税すると、企業は活動を縮小してしまう。むしろ減税することによって企業の意欲が高まり、生産を拡大することで、結果として税収が増加するとした。

その後、税率の引き下げが税収増につながるということは、現実の経済には当てはまらないことが分かるが、経済政策を転換させるには分かりやすい論理であった。

ケインズ経済学が総需要の不足が経済の低迷をもたらすとするのに対して、あたらしい経済政策は、減税による企業の生産の増加という、供給に着目する経済政策であるということで、供給側の経済学とも呼ばれる。

供給側を重視するのは、ケインズが批判した新古典派経済学の立場であり、アダム・スミスの自由放任主義の経済学を科学的にソフィスティケイトした近代的経済学であった。

そのため、イデオロギーとして、新自由主義ないし新保守主義と呼ばれ、「小さな政府」の考えから、規制緩和、公共事業への競争メカニズムの導入といった方向に進むことになった。

この新自由主義は、イギリスのサッチャー首相の「サッチャーイズム」、アメリカのレーガン大統領の「レーガノミクス」として開花することになる。さらに日本に伝わって、鈴木善幸《ぜんこう》、中曽根康弘による行財政改革、規制緩和が進められることになった。ただ日本では円高不況による財政赤字が大きな問題意識となっていたため、純粋な新自由主義ではなく、経済的規制の縮小とともに、民間のアイデアと資金を公共事業に導入する、多くの第三セクターが設立された。その点では、むしろ国や自治体の経済活動への関与は拡大した。

「上下分離」を行ったスウェーデンの鉄道

ヨーロッパでの交通政策が大きく転換する先駆けになったのが、スウェーデンである。上下分離と自由参入＝オープン・アクセスといった重要なキーワードが登場する。

スウェーデンでは、幹線と大都市近郊路線の鉄道システムのすべてを、国営のＳＪ（Statens Järnvägar）が運行していた。国の交通政策は、鉄道の公共性から、参入規制を行って独占を保証することであり、人口密度の小さい地方の鉄道サービスは内部補助により維持することが求められていた。

スウェーデンでは１９３２年から１９７６年までの間、スウェーデン社会民主党による長期政権が続き、高度な福祉国家に発展することになった。しかし、１９７３年のオイルショックの勃発にともなう経済の混乱と高福祉による公共負担の増加によって、欧米の政治的潮流と同様に、スウェーデンでも保守政党が躍進し、統一党（現・穏健党）

をはじめとする中道右派の連立政権が成立した。

中道右派は伝統的な保守主義を特徴とし、いわば市場メカニズムに依拠する経済運営を標榜《ひょうぼう》した。

このころ、世界的に戦後の経済政策のパラダイムが崩れて、あらたに新保守主義「小さな政府」（新自由主義）の考え方が広がっていた。スウェーデンでも、従来の福祉国家、すなわち「大きな政府」から、保守中道の「小さな政府」の政策に大きく舵を切ることになる。

しかし短期間での大きな変化は国民に好まれず、現実的な視点から漸進《ぜんしん》政策をとり、福祉国家の政策は維持された。

その後1982〜1991年、1994〜2006年、2014年以降社会民主党が政権に復帰し、中道右派と政権交代を繰り返すことになる。

あたらしい交通政策は、社会民主党の長期政権の時代、1953年から交通政策委員会を設置して検討が続けられ、1963年交通政策法で、参入規制、価格規制などの厳格な規制から緩《ゆる》い規制＝インセンティブ規制に転換した。

そのうえで、鉄道と自動車運送との競争の不公正を是正《ぜせい》するために、自動車への規制の強化が実施された。

また不採算の鉄道輸送については、政府がサービスを購入する（コストを負担する）支援策が講じられた。SJは、ほかのヨーロッパ諸国の鉄道事業者と同じく、赤字経営を続けていたが、この規制の変更により一時的に経営が改善した。

しかしそれも僅かな期間で、1965年には再び収支が悪化した。

1978年交通政策法では、自動車の増加による環境への負荷の問題がクローズアップされた。自動車の増加による社会的費用の増加や、鉄道サービスによる社会的便益を加味して、それぞれの負担を算定するとした。

鉄道サービスは、企業の収支の中で費用を吸収できる部分があると同時に、社会的な成果を目的に不採算サービスを提供している。その不採算の部分は、受益者に身近な地方が維持を決定し、そのコストをサービスの購入という形で負担するのである。

続いて1988年交通政策法は、各交通モードのそれぞれに、環境問題、インフラ整備について規定し、鉄道事業の上下分離とオープン・アクセスを規定した点でエポックとなった。

道路の利用者に限界社会費用を賦課《ふか》し、その一方で、鉄道に対しては線路を運行から分離（上下分離）して線路は公的に整備・維持し、運行事業者は、社会的限界便益を加味して決定した使用料を支払って、線路を使用するというもの。運行事業に新規参入を認めて、鉄道事業で競争メカニズムを実現しようという考え方であるが、その場合線路管理者が参入者に差別をしないことが前提となる。これがオープン・アクセスである。

1988年7月旧国鉄SJは、鉄道の運行を行う新SJと、線路施設を保有し、維持・管理するスウェーデン鉄道庁に分割された。

SJは、ビジネスベースに乗る幹線を中心に運行を行い、社会的な必要から運行を続けるローカル線については、地方自治体の交通局が担当した。

幹線に参入を認めて競争化する一方で、ローカル線については、入札により、SJ、あるいは民間企業に委託され、参入の手続きにおいて競争メカニズムを導入した。

また北部の夜行列車など、自治体の領域を超えた不採算サービスは、国がサービスを

SJ ABの列車

購入する形で費用を負担した。この代金は、公共交通サービス購入委員会が決定した。

この段階ではSJは全国で1社であったが、その後、2001年、旅客運行会社SJ AB、貨物運行会社 Green Cargo AB など、7つの株式会社に機能分割された。

上下分離とオープン・アクセスがヨーロッパの共通政策に

1991年EC（欧州共同体／現・EU）の関係理事会指令（91／440／EEC）で、インフラ保有と運行を分離する「上下分離」と第三者に線路を開放する「オープン・アクセス」が、初めて欧州共通政策として発布された。ヨーロッパの鉄道にとって、画期的な出来事だった。

すなわち各国ともに国鉄が鉄道を上下一体的に運行していたが、鉄道経営を国から独立した意思決定のもとに置くこと、線路の保有・維持・管理と鉄道輸送事業を会計上分離すること、EC加盟国の鉄道事業者グループによる国際輸送事業にほかの加盟国の鉄道線路を使用する権利を保証すること、などである。

そして、1992年12月に発表された『共通運輸政策の将来的展望』（運輸白書）で、加盟国間で列車を直通するための「国際輸送に適した効率的なインフラ整備を進める必要性」が明記された。

ECは、ヨーロッパの市場統合のために、域内の各国間の交通流動を円滑にすること。そのために交通市場に競争メカニズムを導入して、効率的なインフラの整備を推進することを掲げた。また国境を越えて車両が直通するために、各国の車両・信号などの規格を統一したうえで、相互に列車を自由に直通するためのシステム作りを進めた。

イギリスの場合――鉄道事業に競争メカニズムを取り入れる

イギリスの鉄道交通システムは、１９９４年に劇的に改革された。

もともとイギリスの鉄道ネットワークは国鉄（British Rail）が一元的に運営していたが、１９９３年鉄道法により、旅客列車の運行を25の民間のＴＯＣ（Train Operating Company）に期限付きで開放した。ＴＯＣはフランチャイズ契約をして運営権を取得し、線路の維持・管理は、ＴＯＣとは別に設立されたレールトラック社が担った。

上下分離と同時に地域分割もするのであるが、幹線では複数のＴＯＣが同じ路線で運行している。

不採算路線もＴＯＣに運行が任され、落札者に対する責務を列挙したＩＴＴ（Invitation to Tender ＝入札案内）に補助額が規定されている。

逆に、採算可能路線には、国へのプレミアムの支払いが規定されている。

ＩＴＴでは、運行本数や運賃設定、新型車両の導入などについても規定されている。

運行会社は、政府の独立機関であるＯＰＲＡＦ（Office of Passenger Rail Franchising＝旅客鉄道フランチャイズ庁）が審査して、運輸省が最終的に決定する。

具体的には、ＶｆＭ（Value for Money）という概念に基づいて審査される。ＶｆＭとは、効率化により、公共の負担を最小にすることを意味している。

旅客鉄道は、国鉄時代には設備投資には交付金、経営損失には補助金が支出されていたが、期限付きのフランチャイズとすることで、ＴＯＣは契約更新を確かなものにするために事業の効率化に努めることになり、損失が減って、国による補助金の支出が減る、という考え方である。

また収益が上がる幹線輸送では、複数のＴＯＣの間で競争をさせることで、それぞれが経営努力してサービスの改善と効率化が実現することが期待された。

経営努力を誘発するためにフランチャイズ契約の期間は短くなるが、短期間の事業のために大規模な設備投資をすることはできない。そこでＴＯＣは、線路施設や車両をリースして使用する。車両のリース会社は３社、新設された。

貨物列車については営業エリアを設けずに複数の民間企業を参入させ、相互に競争させることになった。企業間で不公正な競争が行われないよう、法律によりオープン・アクセスが保証されている。

線路施設を保守・管理していた純粋民営のレールトラック社は、2000年に起きたハットフィールドにおける脱線転覆事故で補償金の支出が巨額に上ったために経営が破綻し、事業は非営利組織のネットワークレール社に引き継がれた。

JR東日本がTOCとしてイギリス市場に参入

JR東日本は、TOCの1社として列車を運行しているアベリオおよび三井物産とコンソーシアムを組んで、ウェスト・ミッドランズで旅客列車を運行している。

アベリオが70・1%を、残りの29・9%を三井物産とJR東日本が半分ずつ出資して、ウェスト・ミッドランズ・トレインズを設立。2016年11月に、イギリスの運輸省が募集する運行事業者に入札した。日本企業が参加したのは初めてである。

イギリスの旅客列車の運行には事業経験が重要な要件となっているため、経験のない日本の企業は、事実上選定プロセスに進むことができない。そのため三井物産は、2017年1月12日、アベリオから、イギリス南東部イースト・アングリアの旅客鉄道事業の運営権の40％を取得して事業に参入し、実績を作った。

鉄道事業で十分な実績があるJR東日本と組んだのも、落札を確実にするためだと推測する。

イギリス運輸省は、ウェスト・ミッドランズのフランチャイズについて、予備審査により、ゴヴィア、MTR（香港鉄路）、アベリオ＋三井物産＋JR東日本の3グループを選定して、次の審査プロセスに進むショートリストに登載した。そして最終的に、JR東日本が参加するアベリオのグループに決定したのである。

アベリオ、三井物産、JR東日本のグループは2017年8月10日に落札に成功し、12月10日から運行を開始した。

ウェスト・ミッドランズは、連合王国を構成するイングランドを南北に3分割して、中央部の西側半分の地域である。大都市としてはリバプールがこの地域に属し、ウェスト・ミッドランズ・トレインズは、ロンドンからリバプールまでの都市間長距離列車を運行する。そのほかにも、ロンドンやイギリス第2の都市のバーミンガムの通勤輸送を担う。

運営権は、2026年までの10年間である。

フランスの場合――上下分離するも、事実上は再統合

フランスの国鉄SNCF（Société nationale des chemins de fer français）は、1937年に幹線私鉄を統合した際に買収した私鉄に株式を配分したため、45年間の期限で官民共同出資の形態を取っていた。その期限が1982年末に来たことから、その翌日より100％政府出資の公企業に転換した。

1984年には、地域旅客輸送の地域化を実施した。国鉄SNCFの地域輸送を地域圏（自治体）別に分割して、首都圏のイル＝ド＝フランスを除く20の地域圏にTER（Transport express régional）を設置した。TERは

ＳＮＣＦの地域のローカル列車を運行する部門である。イル＝ド＝フランス圏の近郊列車は、ＳＮＣＦのトランシリアンが運行した。

１９９７年ＥＵ共通政策のもとで、鉄道の経営形態の改革が行われることになる。この時、鉄道インフラの計画・建設・管理を担うＲＦＦ（Réseau ferré de France＝フランス鉄道線路事業公社）を新設して、ＳＮＣＦは鉄道運行に特化する、上下分離を実施した。

また、ＳＮＣＦのＴＥＲは１９９７年より試験的に国から地域圏に権限が移管され、２００２年までにすべての移管が完了した。運行ルート、運賃、サービス水準について地域圏がＳＮＣＦと契約し、費用に対して助成することになる。

一方幹線輸送のサービスについては国が関与して、補助金を交付することになった。

さらに、２００７年には貨物輸送の自由化、２０１０年には国際旅客輸送の自由化を行ったことで、同じＳＮＣＦの線路の上をＳＮＣＦ以外の鉄道事業者が列車を走らせることになり、ＳＮＣＦの中にダイヤを作成して運行管理を担当する特別の部署ＤＣＦ（Direction de la circulation ferroviaire）を設置した。

ダイヤの作成・管理は、上下分離により本来インフラ会社の業務である。しかし上下分離は形式的なもので、インフラ会社の業務も、従来どおりＳＮＣＦが行っていたのだ。ただ、それでは新規参入事業者が不公正な扱いをされかねないので、ＳＮＣＦの内部にあるものの、一応独立した組織とした。

２００９年12月、政府はＡＲＡＦ（現・ＡＲＴ〈Autorité de régulation des transports〉）を設置した。ＡＲＡＦは運行事業者の参入を承認し、ＲＦＦが保有する線路の使用料を決定する権限を持っている。ただしインフラ保有主体のＲＦＦは線路施設を形式的に保有するだけで、実際にはＳＮＣＦの子会社のSNCF Infraが保線作業を行っていた。

２０１３年5月政府はＲＦＦとSNCF Infraの組織改革を行い、全国の鉄道インフラを一元的に管理する主体の創設を発表した。同年10月に鉄道の組織改革法が内閣に報告され、下院・上院での可決を経て、2015年1月に施行となった。ARAFは、ほかの列車運行事業者の公正なアクセスを保証するという大きな役割も持つことになった。

2015年、グループを統括するSNCF Epicを設置。その下に、インフラを保有するSNCF Réseau、列車を運行するSNCF Mobilitésを配することで、事実上フランス国鉄SNCFが再び統一されることになった。

さらにSNCF Mobilitésの子会社に、長距離旅客列車TGVを運行するSNCF Voyageurs、貨物列車を運行するSNCF Logistics、国内・海外の公共交通を運営するKeolisがある。またSNCF Réseauには、従来のRFFとSNCF内のDCFの業務が移管された。

SNCF Logisticsは、2008年に複合貨物輸送サービスを国際的に展開しているジオディス（Geodis）を買収してSNCF Geodisに改称し、さらに2015年にSNCF Logisticsに戻った。

ジオディスはもともと、ヨーロッパだけでなくインドネシア、韓国でも事業を行う多国籍企業であるが、SNCFの傘下入りした後も、Fret Europe UKを通じてイギリス

SNCFのロゴが付いたTGV

の貨物鉄道輸送免許、ITL polskaを通じてポーランドの貨物鉄道輸送免許を取得して、海外事業を拡大していった。

ドイツの場合——グループ内での上下分離にとどまる

1982年、CDU（キリスト教民主同盟）のヘルムート・コールが西ドイツの首相に就任し、CSU（キリスト教社会同盟）、FDP（自由民主党）との保守中道連立内閣が成立した。世界的傾向になっていた新自由主義による「小さな政府」を標榜し、脱官僚、政府の企業活動の縮小を政策方針とした。

翌年の11月、ドリンガー連邦交通相は「ドイツ連邦鉄道（DB〈Deutsche Bundesbahn〉）

に対する連邦交通大臣の閣議提言」を提出した。増収につながるように民間企業の経営手法を導入するとともに、国民の生活に不可欠な近距離旅客輸送を重視するという内容である。

これに基づいて経営改善計画「ＤＢ戦略’90」がまとめられ、１９８２年実績に対して、１９９０年には総経費25％減うち人件費30％減を実現して、労働生産性を40％引き上げるという数値目標を設定した。

しかし、１９８０年代にはＤＢの単年度欠損、長期債務が急激に増加し、現行の経営体制のままでは鉄道再建は不可能という気運が高まり、ＤＢ戦略’90は事実上破綻した。

そして連邦政府は、あらたな鉄道再建計画の策定に着手した。

１９８９年11月9日、東ドイツの住民の出国を監視していたベルリンの検問所がすべて開放され、ベルリンの壁が事実上崩壊した。東ドイツの財政は破綻しており、ベルリンの壁の崩壊前後の大量の住民の脱出により、国家の体《てい》を成さなくなっていた。

そして、１９９０年7月1日東ドイツの経済主権が西ドイツに移り、10月3日には東西ドイツが統合。それまでは西ドイツ政府を意味していた「ドイツ連邦共和国」の国名がそのまま引き継がれた。

１９９１年度の連邦交通省予算では、ＤＢの経営再建に加えて、旧東ドイツの道路、内水路、鉄道などの社会資本の整備が大きな課題となった。

東ドイツの国鉄はＤＲ（Deutsche Reichsbahn ＝ドイツ国営鉄道）が経営していた。西ドイツのＤＢの路線キロが2万7千キロであるのに対して、ＤＲは1万4千キロであった。しかし、東ドイツの国土面積は西の半分以下であるため、路線密度では東側が大きく上回っていた。

さらに、東側では自動車の保有率が低く、旅客・貨物輸送における鉄道のシェアが大きかった。その鉄道は、近代化が遅れていて労働生産性が低く、経営体質の脆弱《ぜいじゃく》さは明らかであった。

西側のＤＢでは、経営改革を議論するために、１９８９年2月閣議決定をして、同年7月に「連邦鉄道政府委員会」が設置された。学識経験者、財界、労働組合の代表が委員に選任され、12月に第１回の会合が開かれた。その後１９９１年12月まで24回の会合が持たれて、最終答申が提出された。

この間1991年1月、コール首相は連邦議会での政府声明の中で鉄道の役割を強調したうえで、DB機構改革の必要性を訴えた。

答申は、交通政策、地域開発、環境政策から鉄道の役割を積極的に評価して、一層の発展を実現するための基盤を整備すべきこと、長期的視野に立って、ほかの交通モードとの価格競争に耐えうる鉄道網とサービス構成に重点化すべきことを謳《うた》っていた。

さらに改革の具体的な方策について、DBの公共的な役割と企業としての役割を明確に分離すること、政府による余剰人員の引き受け、債務の政府引き受け、環境費用負担のための引当金措置が講じられた。

DBとDRは統合したうえで株式会社化、そしていずれ株式を売却することで方針が決まったが、そのためにはドイツ基本法の改正が必要であり、すぐには実現できなかった。

DBの改革案は1992年2月に閣議決定し、同年7月に政府案が決定したが、実現したのは1994年1月であった。

1993年12月27日、BEV（Bundeseisenbahnvermögen＝連邦鉄道財産清算機構）

が設立された。日本の国鉄清算事業団が参考にされた。

ＢＥＶは、民営化したＤＢ（Deutsche Bahn ＝ドイツ鉄道）が公務員を雇用できないため、旧ＤＢとＤＲに属するすべての公務員の雇用を引き継ぎ、ＤＢに派遣した。また、鉄道退職者40万人の年金の支払いも担当した。

ＤＢは、ＥＵ共通政策に基づき１９９９年6月に持株会社ＤＢ ＡＧ、その傘下の線路保有会社 DB Netz AG、駅サービス会社 DB Station & Service AG、長距離列車 DB Reise & Touristik、近距離の地域輸送・都市輸送を担う DB Regio AG、貨物輸送会社 DB Cargo AG に分割された。

インフラと運行の事業体は分離されたが、いずれも国が株式を保有するＤＢグループで担当するというもので、実質的に上下一体を保持した。

長距離輸送は、海外企業であっても国内に事業所を置けば参入できることになるが、実際にはＤＢが市場の99％を占有した。

都市・地域輸送では、参入手続きに競争メカニズムを導入して、運行事業者を入札で選ぶ。ただし、ベルリンなどの大都市ではＤＢと長期契約を交わし、入札が行われてい

DBの列車

ない。

地域路線はもともとDBの経営の負担となっていた分野であるが、DBから分離して運営責任と費用負担を州政府に移管した。

州の財源は、連邦政府からの補助金や都市交通財政援助法（連邦鉱油税の税収の一部を地方の交通政策に配分）による給付で賄われた。これは鉄道だけに使途が限定されるわけではないので、地方の判断でバス転換も可能である。

実際の鉄道の運行はDBや第三者の鉄道会社に委託されたが、たいていはDBである。

現在のドイツの鉄道規制官庁は、まず連邦交通建設都市開発省が鉄道政策と鉄道投資の計画を担当。そのもとに、連邦ネットワーク庁と連邦鉄道庁がある。連邦鉄道庁には、鉄道路線の建設計画の決定、鉄道施設の監督、安全検査、ＤＢ ＡＧのネットワーク内での鉄道事業者の輸送事業の認可の権限がある。

なお上下分離について、従来は事実上、上下を旧国鉄が支配する「組織分離」が認められていたが、近年これを別の主体として分離する「機関分離」を義務化することが協議されている。

公共の事業を民間企業にどう任せるべきか？——ＰＦＩとＰＰＰ

イギリスではサッチャー政権のもと、従来競争メカニズムが十分に機能していなかった公共事業に対して、効率化インセンティブを担保したうえで、民間部門に事業を任せる、あたらしい制度の構築に取り組んだ。

そこで公共事業の実施スキームとして整備されたのが、ＰＦＩ（Private Finance Initiative）の考え方だ。

１９８１年大蔵省にウイリアム・ライリー卿《きょう》を委員長とする委員会を設置して、従来公共部門が担当していた公共事業について、民間にビジネス機会を提供するルールを策定した。これが、「ライリー・ルール」と呼ばれるもので、

1　公共部門が実施するよりも効率的であること
2　公共事業予算を削減することができること

の2点を核心としていた。

この2点が、先にも触れたVfMであり、PFIが適用される際の一大原則となった。

PFIは、公共事業に市場メカニズムを導入する手法である。土木工事や上水道、学校、刑務所まで、PFIにより民間企業が経営を行っている。

公共事業は、従来はターンキー方式が一般的だった。公共は工事のスペックなど要求事項を文書にして競争入札にかけ、落札者は要求事項に従って設計し、工事を行う。完成すると、公共に引き渡すというもの。

一方、PFIによる場合、事業を実施できる能力のある事業者が審査されたうえで、

リストに登載される必要がある。

公共は、スペックなど、詳細な契約内容が記載された書類を用意して、リストに登載された事業者を対象に競争入札にかける。

ＰＦＩでも、ＢＯＴ（Build-Operate-Transfer）方式の場合は、事業者は要求事項を満たすように設計するだけでなく、さらに建設財源も自ら調達する。そして工事を実施し、完成すると、そのまま引き渡すことなく、公共と契約された営業期間だけ事業を行い、その期間に収益で投下資金を回収して、期限が来ると設備を公共に引き継ぐ。

ＰＦＩにはＢＯＴ以外にもさまざまな方式があるが、いずれも民間が資金を調達して建設するところに特徴がある。

公共事業に民間企業が参加することから、公共と民間の連携によるプロジェクト実行という側面を強調すると、ＰＰＰ（Public Private Partnership）という概念となる。

ヨーロッパでは、民間に完全に任せてしまうＰＦＩではなく、プロジェクトの実施で公共と民間が役割を分担するＰＰＰに重点が移りつつある。

イギリスの地域交通へのＰＦＩの導入

ＰＦＩは、イギリスでは１９８７年に橋梁建設で初めて実施されたが、これで一気に普及することはなかった。

１９９０年11月、サッチャーの後を継いでメージャー保守党政権が成立するが、１９９０年度は3年ぶりに財政赤字に転落。さらに、１９９３年度まで徐々に財政赤字の金額が拡大することになった。

メージャー政権は、１９９２年11月ＰＦＩを正式に導入することを決定。翌年にはＰＦＩ促進のための官民共同の委員会を設置した。さらに１９９４年には、大蔵省がＰＦＩを適用しない公共事業を認めない方針を発表した。

ＰＦＩは基本的に、公共部門の公共事業の遂行は非効率であるという認識を前提としており、事業を実施してきた行政部局では不満が蓄積していた。そのため、ＰＦＩの推進には強権的な措置が必要だったのである。

ロンドンの地下鉄を経営するロンドン地下鉄は、老朽化したノーザン線の車両の取替えプロジェクトにPFIを適用した。1992年にOJEC（Official Journal of the European Community）に公示したうえで、翌年4月に入札を実施した。最終的にGECアルストム（現・アルストム）が落札するが、同社は車両メーカーであり、ロンドン地下鉄に長年車両を供給してきたサプライヤーである。

総事業費は約4億2千万ポンドで、全額GECアルストムが調達し、1996年から1998年にかけて車両の引渡しが終わった後、1999年にロンドン地下鉄が同社に対して3300万ポンドを使用料として支払い、以後年3％ずつ増額され、20年間で契約が終了することになる。

この点については従来の金融リースとほとんど変わらないことになるが、この契約では、車両の納入に加えて、車両のメンテナンスから清掃までを契約相手に請け負わせているのが大きく異なる。

そして、車両の状態が適正に維持されていないと判断されると使用料が減額されることになり、これが契約相手に良好なパフォーマンスを保証させる、いわゆるインセンティブとなるのである。

1997年5月国政選挙で労働党が勝利して、ブレア政権が成立した。

政府はさっそく、保守党政権下でのPFI政策を発展させる形でPPPの概念を提示した。PPPは、従来のPFIにアウトソーシングや民営化までを包含する概念で、そういう意味では、従来公共部門で提供してきたサービスについて民間部門の資金や創意を導入するすべての動きを巻き込んだ概念であると言うことができよう。

そして、1998年3月政府はロンドン地下鉄についてPPPの枠組みを適用することを発表した。

あわせて1999年地方行政法を制定し、1986年に廃止したロンドンの広域行政組織の復活を図ることにして、2000年4月GLA（Greater London Authority）を設置した。翌5月には市長選挙が実施され、労働党内でブレアに対立するリビングストンが無所属で立候補して当選した。

新市長は、国のもとにあった都市交通に対する権限の委譲を受けて、あらたにロンドン運輸署を設置した。ロンドン運輸署は行政域内の公共交通機関の監督責任を持つとともに、高速道路に対する一部の権限や旅行案内所についてもその管轄範囲とした。そして、ロンドン地下鉄に対する権限は、ＰＰＰを実施するまでとした。

政府・運輸省は、ロンドンの地下鉄は長年投資不足が続いたために施設の老朽化が進んでいるという認識のもと、以後15年間に１３０億ポンドという巨額の設備投資が必要になると試算した。これを公共部門のロンドン地下鉄が自力で行うことは難しいと考えて、インフラ施設の整備と維持を目的とする民間会社を設立するというのが、政府・運輸省が考えるＰＰＰであった。

この会社が、現有施設を譲り受けたうえで、保守管理を実施するとともに、あらたに資金調達をして路線の更新工事を実施し、施設をロンドン地下鉄に賃貸することになる。そして、インフラを管理する会社として設立されたのが、ＢＣＶ、ＪＮＰ、ＳＳＬの3社だ。

ＢＣＶはベーカールー線、セントラル線、ヴィクトリア線、ウォータールー&シティー線、ＪＮＰはジュビリー線、ノーザン線、ピカデリー線を担当する。ＢＣＶとＪＮＰが担当するのはチューブ（大深度・小断面）方式の地下鉄である。ＳＳＬはディストリクト線、サークル線、メトロポリタン線、ハマースミス＆シティー線、イースト・ロンドン線で、サブサーフェイス（浅深度・大断面）方式の地下鉄を担当する。

契約期間は30年間で、この期間が過ぎた段階で公共に所有が戻される。

投資資金については、45％が国からの補助金で充てられ、25％はロンドン地下鉄が運賃収入から負担。民間のＰＰＰ会社は財源の25％を分担し、ロンドン地下鉄から受け取る賃貸料で回収する。

従来のＰＦＩが車両の調達と保守に限定されていたのに対して、このＰＰＰではインフラ施設のすべてを対象とするとともに、民間会社が日常的な施設の運営にまで関わることになった。


これに対してロンドン運輸署は、異常時において列車の運行を担当する公共側との連携に不安が残ること、線路の保守・更新の計画が民間側に任されることになるため安全性が損なわれる可能性があることを指摘した。また、公共部門が効率的な運営をすることができないというのは作り話であるとさえ述べている。

市と国とのＰＰＰに関する意見の対立は裁判所に持ち込まれることになるが、２００１年７月に国側の意見が認められ、ＰＰＰへの手続きが遅ればせながら進められることになった。

保守党のサッチャー首相のもとであらたな交通政策が構築されつつあった１９８１年、ロンドン交通局は２つの新線の整備を推進していた。その１つがドックランズ軽快鉄道で、２つ目がロンドン地下鉄ピカデリー線のヒースローまでの路線延伸であった。これらの整備にもＰＦＩ、ＰＰＰの手法が適用された。

日本版ＰＦＩ

ＰＦＩは日本でも法制化されている。

日本政府は、１９９９年７月、「民間資金等の活用による公共施設等の整備等の促進に関する法律」（ＰＦＩ法）を制定。翌年３月に、ＰＦＩの理念とその実現のための方法を示す「基本方針」を策定し、民間資金等活用事業推進委員会（ＰＦＩ推進委員会）

の議を経て、公表された。

国、地方を通じて財政状況が厳しい折から、さまざまな公共サービス、公共事業のうち、民間で可能な事業は民間に任せるという考え方である。

かつて同じように財政難に陥った際、いわゆる民活法が制定され、各地に民間と公共の共同出資による第三セクターが設立されたのと同じような発想である。

しかし、その第三セクターを設立するのとは違って、ＰＦＩでは厳格に効率性基準への合致《がっち》が要求されており、そういう点では、かつての第三セクターの轍《てつ》を踏まない配慮がなされている。

政府は、ＰＦＩにより期待される効果として、次の３つを挙げる。

- 低廉《ていれん》かつ良質な公共サービスが提供されること
- 公共サービスの提供における行政の関わり方の改革
- 民間の事業機会を創出することを通じ、経済の活性化に資することまた、対象となる施設は、公共施設（道路、鉄道、港湾、空港、河川、公園、水道、下水道、工業用水道など）、公用施設（庁舎、宿舎など）、公益的施設（賃貸住宅、教育文化施設、廃棄物処理施設、医療施設、社会福祉施設、更生保護施設、駐車場、地下街など）、その他の施設（情報通信施設、熱供給施設、新エネルギー施設、リサイクル施設、観光施設、研究施設）などである。そして、これらの施設の建設、維持管理、もしくは運営、またはこれらの企画、国民に対するサービスの提供がＰＦＩ事業となる。

公共施設の管理のＰＦＩ手続きは、民間からのＰＦＩ事業の実施についての発案を受けて、これを積極的に取り上げ、実施方針の策定などの手続きに着手することを義務化。実施方針は、具体的に事業の内容が示されることはもちろんのこととして、そのほかにも、公共施設を管理するのにともなって想定されるリスクを詳細に列挙して、そのリスクの分担について明確にする。公共側が提供する補助金や融資などについてもあらかじめ明示する。

そして、最終的にその事業がＶｆＭ基準に照らして妥当なものかどうかを評価して、ＰＦＩの対象事業となる特定事業に選定される。

ＶｆＭ基準では、公共の支出総額がＰＦＩによらない場合に比べて小さいことが求められるが、それはプロジェクト自体の評価とは異なる。

公共側がサービスの全量を買い上げるタイプの「サービス購入型ＰＦＩ」の場合は、いずれの費用も公共の支出額であるので分かりやすいが、例えば鉄道を企画、建設、運営、維持するケースでは、補助金を除く整備財源は運賃収入で回収されるため、ＰＦＩを実施した場合の費用総額は公共側の支出額ではない。

イギリスでは厳密なＶｆＭの評価を要件としたことでＰＦＩ事業の実施が進まなかったため、後に単に財政支出の減少に、その要件を緩和したいきさつがある。

第5章

規制緩和の波が日本へ

アメリカから求められた規制緩和の流れの中で

日米の貿易不均衡に対して、相互に是正の努力を行うという趣旨で、1989年から開催されていた日米構造協議は、1993年に「日米包括経済協議」と名称を変えた。アメリカ側の認識は、日本の市場の閉鎖性により、アメリカから日本への輸出が増えないというもの。是正するためには、アメリカ企業に日本のプロジェクトへの参加の機会を保障すること、規制緩和により内需を拡大して、輸出に頼らない経済構造を作ることが必要とした。

このアメリカからの規制緩和の要求に応じる形で、日本政府は1995年に行政改革委員会規制緩和小委員会を設置。その後、規制改革委員会など、改称、改組を繰り返し、2001年には内閣府に総合規制改革会議を設置する。

この流れの中で、政府は1997年12月20日の閣議で「規制緩和の推進等について」を閣議決定。翌年から規制緩和推進3か年計画を実施した。

鉄道事業についても規制緩和が検討され、1998年6月9日運輸政策審議会総合部会が「需給調整規制廃止後の交通運輸政策の基本的な方向について」を答申した。

答申は、まず一般論として、日本の経済社会では自由競争の促進が求められているとの認識を示す。自由競争は市場原理と自己責任原則を通じて産業の一層の効率化と活性化を実現し、また利用者のニーズの高度化に対応できるという考えである。

そして、従来の交通運輸事業での需給調整規制は過当競争によるサービスの質の低下を避けるため、またサービスの安定供給と利用者の利便の確保を目的としていたが、今日の経済社会をめぐる環境変化を背景にして、需給調整規制の原則廃止の方針を表明した。

規制緩和は必要だとするが……

この方針を実現するための政策手段として、市場原理を最大限取り入れることが喫緊《きっきん》の課題とする。

そして、市場原理を導入することで行政の役割は大きく後退することになるが、依然として行政は産業に大きく関わる必要があるという。すなわち、市場原理導入のための市場の環境整備と、市場原理を通じては実現できない国民のニーズに対応することである。

後者の具体的な例として、

i 過密過疎地域における交通運輸の確保
ii 利用者が安心して利用できる交通運輸の確保
iii モード間の連携・調整の強化
iv 安全で災害に強い交通運輸の確保
v 高齢者・障害者等に利用しやすい交通環境の整備
vi 環境に優しい交通体系の形成

の6つを挙げる。iiとivは、規制緩和の流れの中でもなお維持されるべき安全性に対する社会的規制である。また、ii、v、viは、環境問題あるいは人口の高齢化から、政策的配慮が求められる点である。

ｉは過密地における鉄道のインフラ整備と地方の生活路線の維持の問題である。過密地での新線建設プロジェクトは、巨額な投資資金を要することから企業の採算ベースに乗りにくいが、社会に対して大きな便益を与えるプロジェクトである。これを外部経済性と呼ぶが、市場メカニズムではこの外部効果をプロジェクトの収支に算入しないため過小投資となる。そこで外部効果分だけ国や地方自治体が補助金を交付して、投資を最適化しなければならないのである。

地方の生活交通も同じことで、公共交通の存在が地域の交通弱者にとって死活問題だとすると、鉄道やバスの運賃収入にはつながらないが、社会に対して恩恵を与えている。企業の経営上の収支は赤字であっても、このような外部効果を収入に計上するならば、もしかすると黒字であるかもしれない。このようなサービスを提供するためには、行政が外部効果分を実際に収入に加算してやらなければならない。

生活交通の維持については地方公共団体の主体性が発揮されるように配慮すべきとす

るが、国もナショナルミニマムの確保の観点から一定の責任を有するものとしている。ただし、鉄道についての国の責任は「より適切なモードによる輸送が可能となるまでの間」に限定されるとし、具体的には不採算路線のバスへの転換を示唆《しさ》した内容となっている。

また、現在内部補助で不採算な生活交通サービスを維持している場合、需給調整規制の廃止により採算部門への部分的な新規参入が行われると、採算部門では競争により利用者の利益を促進するが、逆に不採算部門では路線の廃止などで利用者に負の効果を持つことになりかねないとする。そこで経営の効率化を阻害《そがい》しない範囲で、行政による規制、調整が求められるという。

答申ではさらに具体的に、経営の効率化を阻害しない方法として、「事業の経営情報の開示、補助金入札方式による契約制、分社化、外部委託化」などを挙げている。

続いて運輸政策審議会の鉄道部会は、1998年6月15日答申「旅客鉄道分野における需給調整規制廃止に向けて必要となる環境整備方策等について」を提出した。

答申の冒頭で、「需給調整を行う必要性は薄れている」という基本的な考え方を示している。

需給調整の必要がなくなった理由として、答申は現在の（さまざまな）状況が新線建設や新規参入に慎重にさせているため、競願・競合による共倒れが考えにくくなっていることを挙げる。

さらに、需給調整を「鉄道事業者間の権益調整」と積極的にネガティブな解釈をしているのも目新しい。

そして、鉄道事業者は十分なノウハウを蓄積しているので、鉄道事業の活性化を図るためには、「鉄道事業者の自主性・主体的経営判断を尊重することが重要」と指摘する。

しかし、

i　ほかの輸送手段による代替がききにくい場合があること
ii　事業の失敗があっても修正が効きにくいこと
iii　市場原理によるサービス向上が期待しにくい場合があること
iv　大量輸送機関であり、万一事故が起こった場合の被害は甚大《じんだい》であることから、行政は必要最小限の関与が必要であるとの考えを示す。

さらに、鉄道整備を円滑に進めるために、鉄道事業者に投資インセンティブを付与する形で行政が環境整備を行う必要があるとする。

「オープン・アクセス」をめぐる議論

「多様な参入への対応について」という項目が設けられているのも、この答申の特徴の一つである。

新規参入により競争を促進してサービスの向上を図ることを目的に、「鉄道事業者が他の鉄道事業者の保有する線路を利用して新規参入しようとする場合に対応し、線路を保有する事業者に対し線路の開放を促すような仕組みを整備すべきであるという考え方がある」との認識を表明する。

ここで重要なのは、これが審議会の統一意見として示されたのではないという点である。

答申では、「線路を保有する事業者への影響、線路容量に係る物理的制約および運行管理への影響を踏まえ」、その制度の導入の可能性を検討する必要を指摘するにとどめる。

ただこの項目の最後に、「例えば既に鉄道輸送サービスが提供されている路線における第2種鉄道事業者の小規模な追加的参入に関しては、審査の簡略化を図ることが必要である」と付け足している。

この文言が、「小規模」という限定が付くものの、前段の否定的論調を打ち消している。

第2種鉄道事業者とは他社の施設を使って列車の運行をする鉄道事業者で、JRの発足の際、貨物輸送を機能分割して旅客会社の線路を使用して運行する形を取ったため、区分を設ける必要があった。

路線廃止をめぐる議論

答申では、不採算路線を廃止しようとする場合には、従来は地方公共団体の同意を要件としていたが、「その同意は不要とする」としている。ただし、同時に輸送サービス

が中断されることのないよう、

ⅰ　鉄道事業者から退出の意向が表明された場合には地方公共団体の申し出により、運輸省は地元協議会を設置する。

ⅱ　地元協議会は運輸省、関係地方公共団体に加え、関係交通事業者等の参画も求め、バス等による代替交通の確保、助成による鉄道輸送サービスの維持方策等について調整を行う。調整期間は原則として1年以内とする。また、協議会メンバーは調整された事項につき尊重するものとする。

ⅲ　調整が難航した場合は、地域交通のあり方について地方交通審議会の意見を聴いて運輸省が調整案を策定する等その調整が円滑にまとまるような仕組みを構築することとする。

との3段階から成る退出までの手続きを提案している。

また、ＪＲ各社が路線を廃止する場合には、分割民営化の際にそれぞれ採算性が保証されるように政策的措置が講じられた経緯から、分割民営化後の状況の変化について説明を要するとしている。

理念としての規制緩和と現実の規制継続の要求

参入規制と裏腹の関係にあった運賃規制は、当時の海外の状況にも配慮して、大きく変わることが期待された。

そもそもそれまでの公正報酬率による総括原価方式では、事業者が赤字決算を出すと、それを理由に国に運賃改定を申請。国はこれを慎重に審査して、場合によってはこれに条件を付けて認可した。

しかしこれでは国にとって膨大な手間がかかるため、審査基準の明確化という意味もあって、「ヤードスティック」という審査のための物差しに基づく許認可への変更へとつながった。

ヤードスティックは、JR、大手私鉄、地下鉄について、効率的な経営を行っていれば当然かかるコストを計算式で示したもので、これに申請会社の路線長や運行キロといったデータを代入して計算すれば、その会社の標準原価が計算できるというもの。これに配当や利払いなど公正報酬が上乗せされて、運賃の原価となる。

運輸政策審議会の答申を一渡り眺めると、理念としての参入規制の緩和と現実の規制の継続の要求とのぶつかり合いが読み取れる。

ヨーロッパ各国では上下分離が進み、とくにイギリスでは幹線での複数運行会社の競争が現実のものとなっている。

ヨーロッパの場合には鉄道事業が不採算部門であり巨額の財政支援が行われてきたため、鉄道事業の分割民営化、競争メカニズムの導入による経営効率性の向上は、ダイレクトに財政支出の削減につながった。理念が実現しやすい背景があったのだ。

かたや日本の場合には、鉄道事業はほぼ採算が取れており、また、沿線での地域開発や商業・文化施設の運営で大きな収益を上げているケースも多かった。そうすると、鉄道事業者は地域独占が保証されるかどうかが死活問題となる。そこで理念と現実の対立が発生する。

また行政側にあっても、財政再建の必要から規制緩和が叫ばれるものの、ラディカルに参入規制を完全に廃止してしまおうという動機付けはない。

結局この答申の結論としては、競争メカニズムを導入するための必要条件である上下分離は否定する。また他社の線路を利用する運行専門の会社の参入については配慮するが、運行会社同士が競争的に行動するための仕組みの整備については、むしろ後ろ向きと読める。

このような市場構造の中で、どのように競争メカニズムを発揮させるのかが課題となった。

日本の「上下分離」は経営補助になっている

2000年8月1日の運輸政策審議会答申第19号「中長期的な鉄道整備の基本方針及び鉄道整備の円滑化方策について」では、上下分離の方式として「償還型上下分離方式」と「公設型上下分離方式」の2つの形態が規定された。

上下分離とは言ってもヨーロッパと違い、日本の場合は官民共同出資の第三セクターを使うことで、公共の資金をより多く投入するための制度としての意義があった。

都市鉄道などの新線建設のニーズが高まっていたものの、従来の補助制度では完全民間事業者は除外されていた。基本的に過半を公共が出資する第三セクターが、ようやく適用対象となったころであった。

そこで民営の大手私鉄が都市鉄道を建設する場合、上下分離して、インフラを第三セクターが補助制度のもとで建設し、完成した後に私鉄が使用料を支払って運行する「償還型上下分離」の考え方を示したのだ。

後に「受益活用型上下分離」というあたらしい用語が登場するが、これは公共が建設した鉄道インフラに、運行主体が受益の範囲内で建設費を負担するという考え方である。都市鉄道等利便増進法に基づく事業スキームとして制度化された。

一方で、地方のローカル鉄道など、経営が厳しい鉄道会社が公共から支援を受ける手法として、公共がインフラを保有・維持してこれを私鉄に使用させる「公設型上下分離」もあわせて規定された。

近年ローカル鉄道の維持手法として、上下分離方式が推奨されている。公共が保有するインフラの維持・管理に民間企業を入れるイギリスのＰＰＰとは逆に、インフラを公共、運行を民間で分担する「公設型上下分離」である。

ただ、運行を担当する民間企業の選定に入札制度を使ったのは、今のところ北近畿タンゴ鉄道くらいである。最終的に高速バスを運行するＷＩＬＬＥＲが落札して、子会社のＷＩＬＬＥＲ ＴＲＡＩＮＳが京都丹後鉄道の名称で運行している。

宇都宮市と芳賀町《はがまち》のＬＲＴも事業者を公募したが、最後に残った関東自動車との間で条件が整わず、別に第三セクターが設立されることになった。


現在国庫補助事業の鉄道事業再構築事業として、用地や線路施設を沿線の市町村が鉄道会社から譲渡を受けて、維持・管理に当たる事例が増えている。

こうした上下分離は、実質的に経営補助である。

かつて鉄道軌道整備法の欠損補助の規定によって、赤字の鉄道会社に対しては経営補填が実施されていた。しかし対象となる鉄道会社が固定してしまっており、赤字を出しても補助で埋め合わせられることから経営努力の動機付けが働かないことを問題として、運用をやめた。

それに代わって、群馬県が鉄道会社のインフラの維持コストを補助する制度を設けて経営を支援。ほかの自治体にも波及し、さらに国もこのインフラにかかる経費を自治体が負担する手法を正式に支援策として制度化することになった。

最初は、旧国鉄の特定地方交通線を引き継いだ第三セクター鉄道の中に、日本鉄道建設公団が建設し、無償貸与されていたインフラがあり、国の特殊法人改革の中で公団が再編されることになった際、正式に譲渡されることになった。

そうすると、第三セクター鉄道は固定資産税の負担が増加することになるため、これを市町村が譲り受ける形にして非課税とすることが認められた。

また三陸鉄道のように、トンネルや橋梁が多い路線では、老朽化して更新が必要になっても巨額な費用がかかるため、第三セクターでは負担することが難しかった。そこでトンネルや橋梁などの大規模な鉄道施設について、自治体が保有して修繕・更新を行うことになった。

これらは、実質的な上下分離として、「みなし1種」と呼ばれた。上下分離により、鉄道会社は本来は第2種鉄道事業者となるべきところ、実際には上下一体の第1種鉄道事業者として事業許可を受けていたためである。

鉄道事業再構築事業により上下分離を行った事例として鳥取県の若桜鉄道を紹介すると、インフラを沿線の若桜町と八頭町《やずちょう》が保有して、若桜鉄道は無償でそれを借用して列車を運行している。

２０１９年度、若桜鉄道は１１６１万円の営業赤字であったが、営業外収益により、最終的に8万8千円の黒字であった。それに対して、若桜町は９８７０万円の持ち出し、八頭町は3億８２９１万円の持ち出しで、その全額を町が負担し、それに対して交付税措置が取られ、国からの資金で補填された。

ＪＲ北海道は、２０１６年11月単独で鉄道を維持できない路線を発表し、上下分離の採用について沿線自治体に申し入れた。線路設備を沿線市町が保有し維持・管理することで、ＪＲ北海道のインフラ経費の負担が回避されるというものだ。しかし現在までのところ、応じた自治体はない。

また国が鉄道事業再構築事業を制度化する以前に、自治体により実質的な上下分離を行った事例として、和歌山電鐵《でんてつ》がある。２０１９年度の鉄道事業の営業損益は

1億1000万円の赤字である。これに沿線からのインフラ経費分の補助金を受けて、最終的に155万円の黒字となった。

2020年度については、コロナ禍の影響で1億1千万円ほどの減収となったことで、鉄道業の営業損益は2億円の赤字。1億円の補助を受けても1億円超の最終赤字となった。インフラ経費の補填があっても、運行で赤字を出すと最終的に損失が出てしまう。

つまり上下分離はどのような場合にも有効なわけではなく、あくまでも経営を補填するに過ぎない。


近年自然災害による被災の頻度が増え、規模も拡大している。地球環境の変化が背景にあるようであるが、被害は地形の厳しい山間部で大きくなる傾向があり、それらの地域の路線は都会に比べて旅客収入がかなり少ないために復旧費用を用意できず、廃線を余儀なくされてしまう。現在も国の補助や民間の保険の制度があるが、最終的に自前で用意しなければならない金額が大きいために、復旧はハードルが高すぎる。

上下分離している場合は、当然復旧費用の大半をインフラ保有者が負うことになり、これに国からの支援が入れば、復旧のハードルが大きく下がることになるだろう。

第6章

これからの鉄道網

——経済の起爆剤になるか

平成になって次々完成した昭和の計画

平成の時代には、昭和に計画された鉄道が大幅に遅れて相次いで完成した。

東北新幹線は２０１０年に新青森まで開業し、今ではさらに北海道新幹線新函館北斗まで延びた。

北陸新幹線も、２０１５年に長野新幹線（通称）が金沢まで延びて、正式に北陸新幹線を名乗ることになった。

九州新幹線も、２０１１年に博多までの全線が開業した。

また、小田急の複々線化も、大きく遅れて２０１９年3月に完成した。

東京の地下鉄では、２００８年に副都心線が開業して、東武、西武、東急との直通運転を開始した。

これで国内幹線や大都市での鉄道整備が完了したわけではなく、あらたに各地で新線の構想が持ち上がっている。これから10年から20年後には完成することになる。

ＪＲ羽田空港アクセス線

今や大都市は、国内ばかりでなく、海外との競争をも勝ち抜かなければならない時代になった。

国内では経済活動が東京圏に集積され、関西への立地が期待された情報のバックアップセンターも、実際には千葉ニュータウンなどの関東地方に設置されるケースが多い。これからも東京の一人勝ちが続くであろう。

その東京も、国際経済の中で香港やシンガポールに追い上げられ、経済の躍進が著しい中国の上海もあらたな脅威として台頭している。多国籍企業がアジアの営業拠点の立地を選択する場合、英語を常用する香港やシンガポールは絶対的に有利である。大都市のビジネス活動は情報集約的であり、情報へのアクセス機会の多い特定の大都市に集積することになる。すると、集積の経済が働き、さらに集積が進む傾向がある。逆に、いったんビジネスセンターとしての地位を失うと、凋落《ちょうらく》の速度が加速することになる。

東京がアジアの大都市に負けずに、国際経済の中で大きなポジションにい続けるためには、多国籍企業が魅力的に感じる大都市のビジネス環境がそろうことが必要である。その中で大きな役割を担うのが、交通インフラである。

東京のアジアにおけるビジネスセンターとしての優位性を実現するために、国際空港から都心へのアクセスの改善プロジェクトが目白押しである。

羽田空港は、現在D滑走路までの4本で運用しているが、今後の旅客数の増加に対応して5本目の滑走路を建設する検討が始められた。着工から10～15年で供用開始となるという。

この羽田空港への鉄道のアプローチとして、現在京急空港線と東京モノレールの2本があるが、いずれも通勤輸送で混雑している路線である。フルに空港アクセスに輸送力を充てられないので、いずれ満杯になる。

そこでJR東日本が、都心から羽田空港までの新ルートを整備する計画を進めている。羽田空港関連のプロジェクトでは最後発である。大井埠頭《ふとう》の東京貨物ターミナルから羽田空港まで新線を建設する費用がかかるが、大半がアクセス道路の地下を使えるため、市街地の工事に比べてはるかに実施しやすい。そのほかにも、多くの区間で既設の施設

JR羽田空港アクセス線

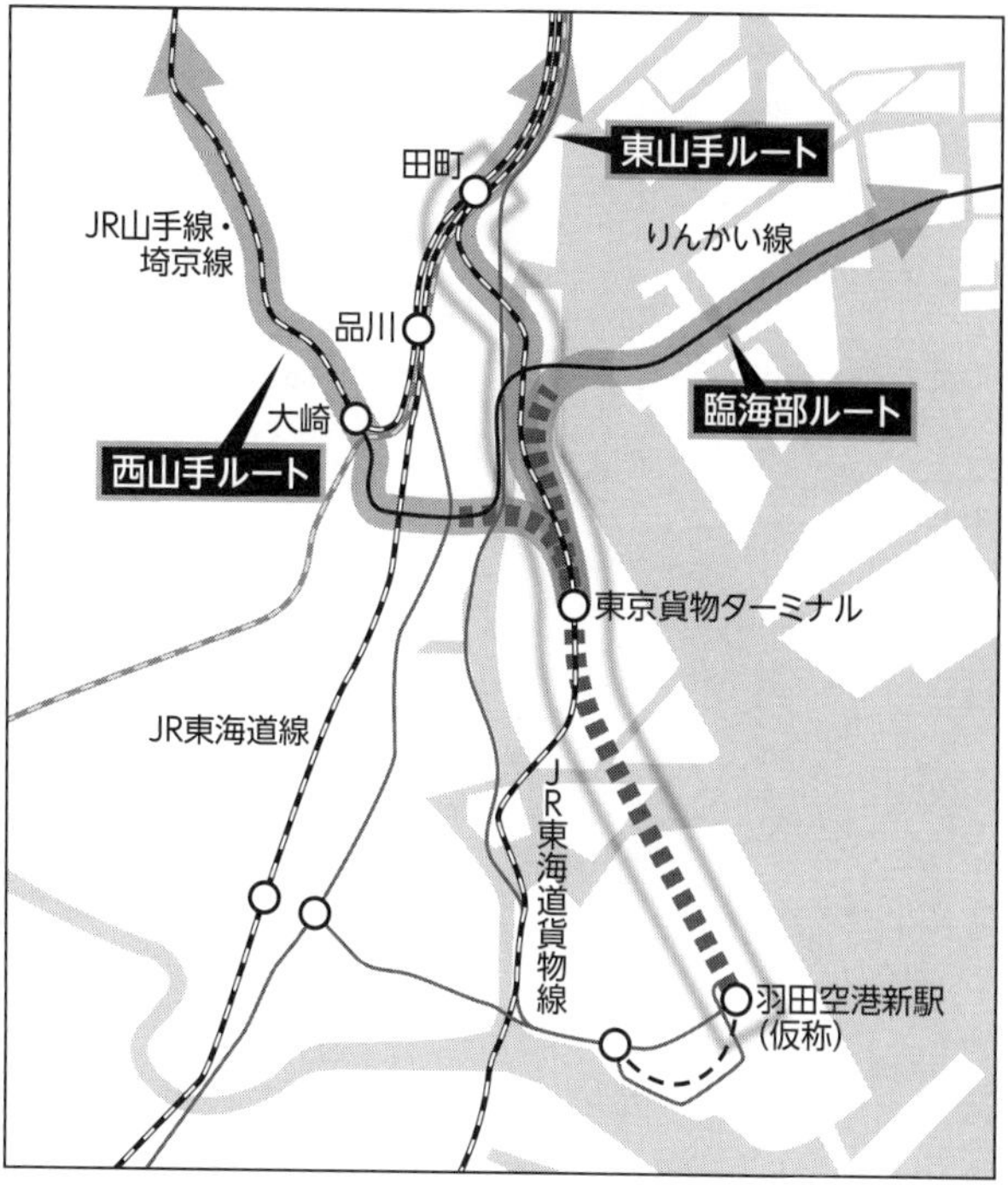

を活用できる。

ＪＲの羽田空港アクセス線は、東京貨物ターミナルと都心の間で、東山手ルート、西山手ルート、臨海部ルートの３つが計画されている。

そのうち最も実現性が高いのが、東山手ルートである。かつての東海道貨物線東京貨物ターミナル～汐留《しおどめ》間のうち、浜松町までが休止路線として残っている。その途中の田町で東海道新幹線をアンダーパスする単線の線路を新設して、東海道線に線路をつなぐ計画である。

2019年から環境影響評価の手続きを開始し、2022年度に完了する予定。その後、工事に7年をかけて、2029年度に開業する計画である。

新線区間は東京貨物ターミナル〜羽田空港間の約5・0キロで、JR東日本が第1種鉄道事業者として整備する。建設費は田町〜東京貨物ターミナル間の改良区間を含めて約3000億円。空港島内の駅とトンネル躯体部《くたい》2・4キロの工事については、国土交通省関東地方整備局東京空港整備事務所が担当する。

西山手ルートは東京貨物ターミナルから東京臨海高速鉄道りんかい線のトンネルまで連絡線を建設して、大崎で山手貨物線につながるルートである。

臨海ルートは、東京貨物ターミナルに隣接するりんかい線の八潮《やしお》車両基地から本線への回送線を複線化し、新木場まで直通する。りんかい線の起源が国鉄京葉線（未成線）で、新木場から東京貨物ターミナルまでの複線鉄道の計画であったので、八潮へのルートが本来の京葉線の本線である。すでに海底トンネルをはじめ鉄道施設の工事が進んでいた。

これを東京臨海高速鉄道が譲り受け、途中で分岐《ぶんき》して大崎方面の新本線を分岐させた。

東山手ルートが開業すると、東京と羽田空港の間が18分で結ばれることになる。羽田空港新駅（仮称）は首都高速湾岸線の地下に15両対応の1面2線の島式ホームが整備される。東京駅では上野東京ラインの高崎線、宇都宮線、常磐《じょうばん》線の電車が直通することになるようである。ただ、特急の直通は想定していないという。

最大1時間に8本、1日144本を運転する計画だ。

新空港線

計画としては古いがなかなか進展しなかったのが、新空港線（蒲蒲《かまかま》線）計画である。東急多摩川線を矢口渡《やぐちのわたし》で分岐して、京急蒲田から大鳥居までの地下線を建設するという計画であった。現在は、矢口渡から東急蒲田地下駅へ、多摩川線のルートを完全に切り替える計画に変わっている。これを京急蒲田地下駅まで延伸し、将来は京急大鳥居まで延ばすという。原計画から大鳥居で京急空港線との直通を想定していたが、ゲージが違

新空港線（蒲蒲線）

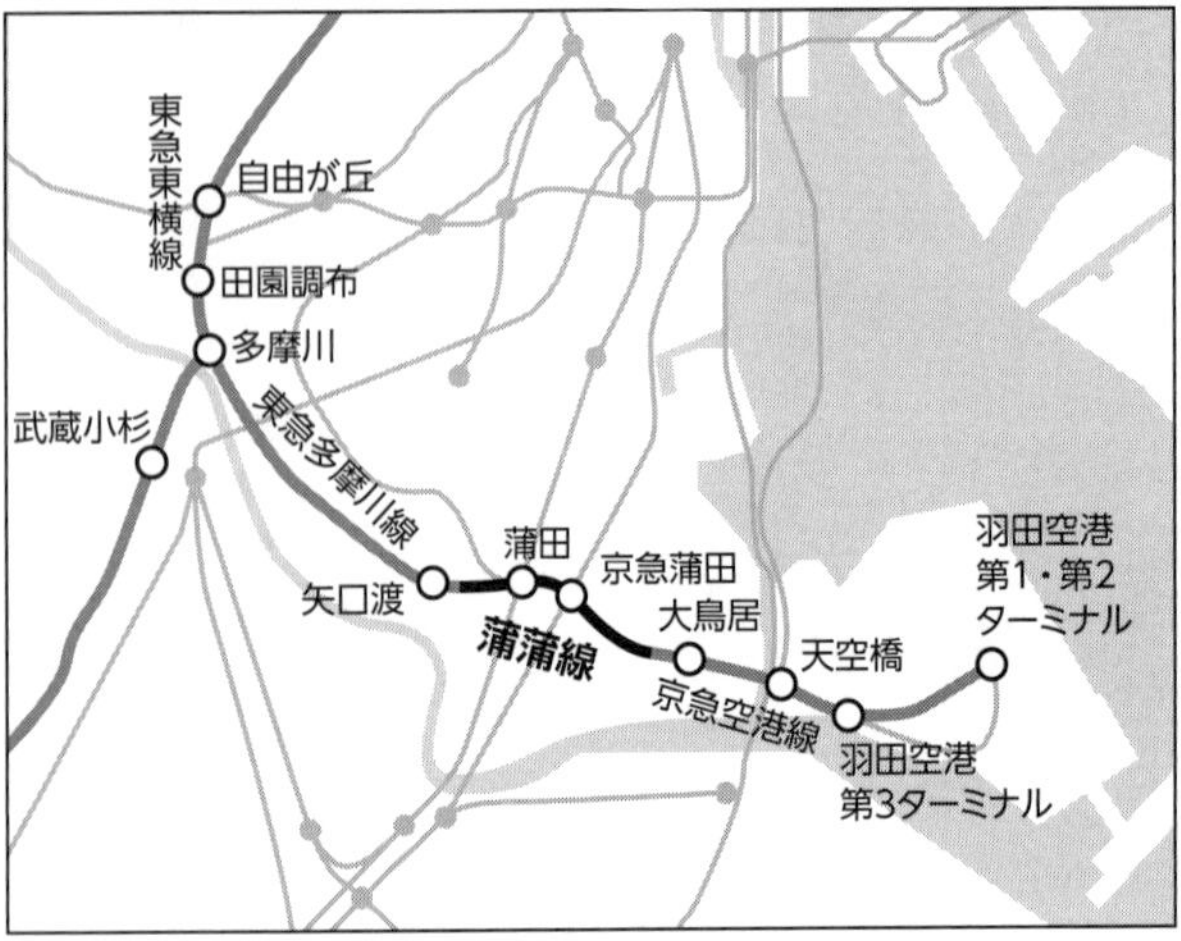

うので簡単に実現できるものではないとされている。

都市鉄道等利便増進法の適用が想定されているが、整備主体として第三セクターの設立を予定しているという。そうすると、むしろ償還型上下分離で地下鉄建設補助を使って建設するイメージである。

これが完成すると、東急東横線、地下鉄副都心線を経由して、東武東上線や西武池袋線からの直通運転が実現する。

ただし、まだ事業化には至っていない。

都心直結線

京急電鉄の泉岳寺《せんがくじ》から新東京（仮称）を経て京成電鉄の押上《おしあげ》までを結ぶ都心直結線の計画があり、国土交通省は積極的であったが、東京都が消極的であった。

ただ、泉岳寺駅を大掛かりに改造する計画については、隣接地とともに再開発することになった。泉岳寺駅のホームは、2面4線のまま、従来の5メートル幅から10メートルに拡幅する。当初は2024年に完成する予定であったが、現在は2027年に変更している。なお、引上《ひきあげ》線（列車の方向転換や入れ替えを行うための側線）を2線に増設する工事については着手済みである。

地下駅の上部には地上30階、地下3階の再開発ビルを建設し、2028年3月に完成する予定。東京都都市整備局が整備主体で、東急不動産と京急電鉄が特定建築者に指定された。

京急電鉄の品川駅は、現在は一部JRの用地を借用して、国道1号線と同じ高さに2

都心直結線

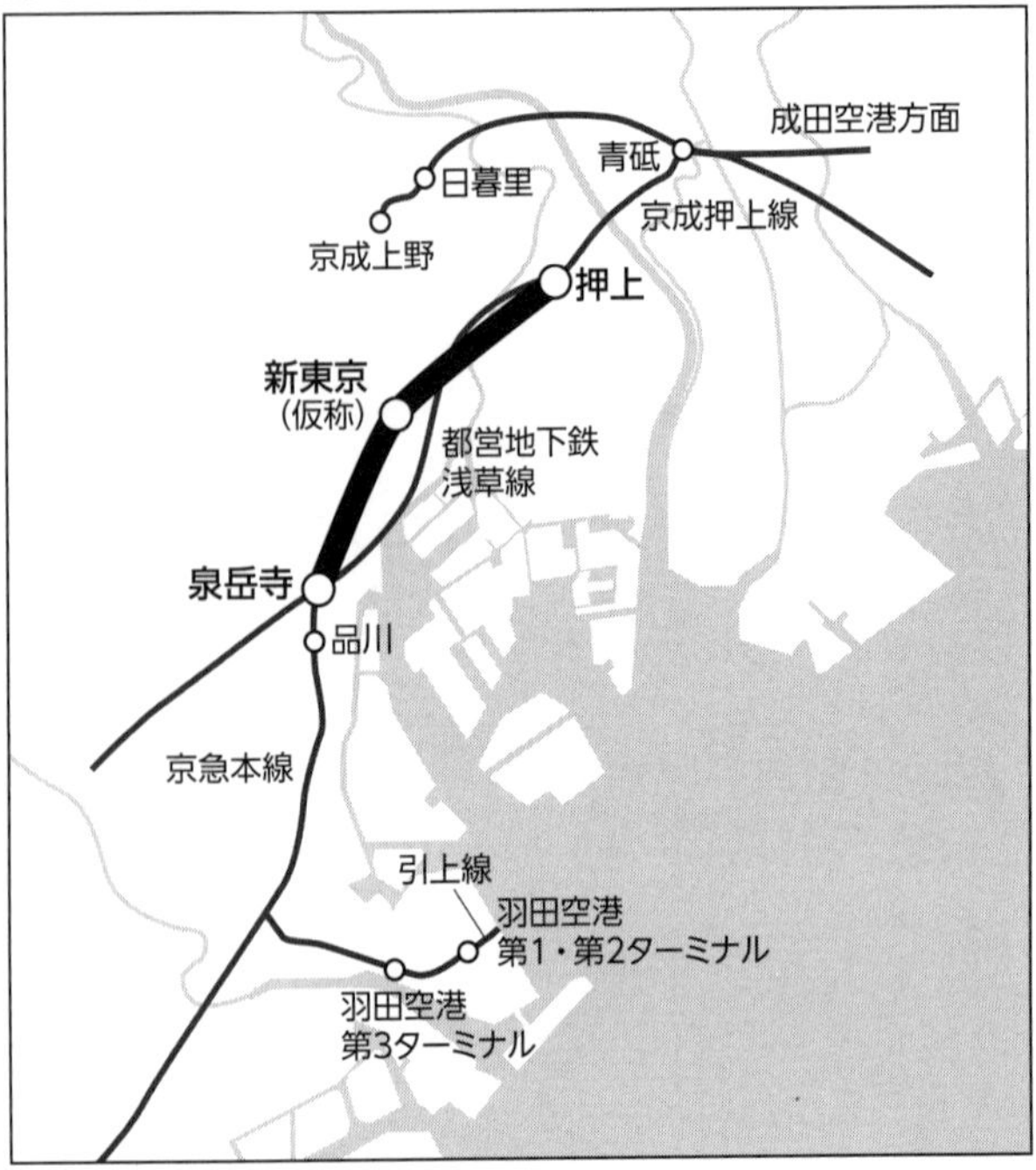

面3線のホームがある。JR東日本は品川駅の大規模な改造を進めていたが、そこで捻出された旧品川電車区の留置《りゅうち》線用地を転用して、地平に2面4線の新ホームが建設される。現在地よりも若干北側に移動して、2027年開業予定のリニア中央新幹線との乗り換えの便を図る。

また、京急空港線の

運行本数を大幅に増やすため、羽田空港第1・第2ターミナル駅に引上線を新設する。現在の同駅は1面2線だけで運用しているが、将来、キャパシティが限界になると予想して、空港線の終点から330メートルのトンネルを建設し、2線の引上線を整備することになった。駅、通路、トンネルの躯体部分の工事を関東地方整備局が担当する。

相鉄・東急直通線

神奈川県の中央部から東京の都心へ向けて、あたらしい鉄道ルートが生まれる。

2023年3月に相鉄・東急直通線が開業する予定で、相鉄・JR直通線と合わせて、相鉄西谷《にしや》と東急東横線日吉《ひよし》を結ぶ。

西谷～羽沢《はざわ》横浜国大間は2019年11月30日に開業して、JR東海道貨物線、埼京線《さいきょう》と直通運転を行っている。

新線の建設は、都市鉄道等利便増進法に基づく速達性向上事業として、鉄道建設・運輸施設整備支援機構が担当しているが、新線のうち西谷～新横浜間は相鉄、新横浜～日吉間は東急が第1種鉄道事業者として運行する。

相鉄・東急直通線

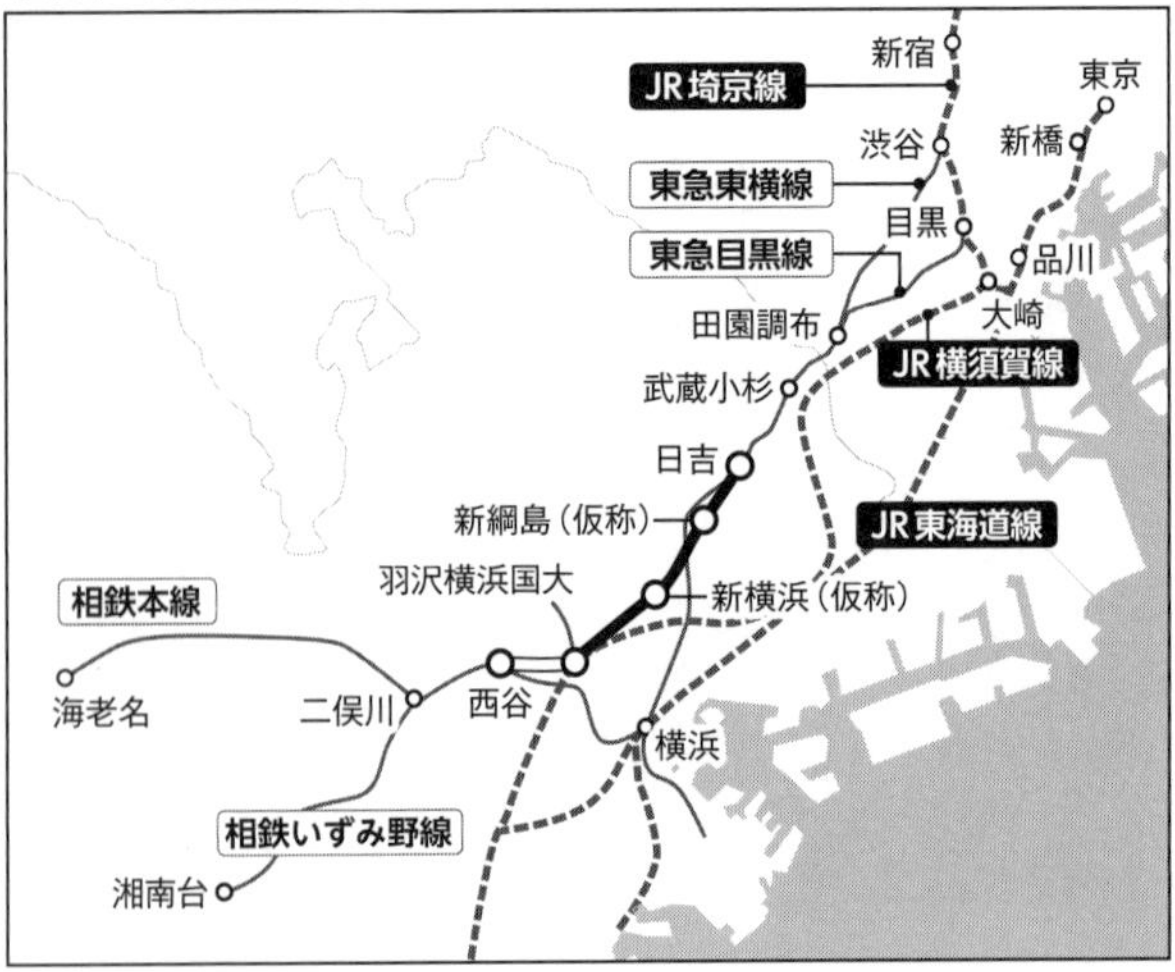

もとは神奈川東部方面線の計画であったが、いったん取りやめとなったものの、相鉄沿線の自治体の熱心な要望を受けて、神奈川県と国交省が実現のために動いた。

当初相鉄・JR直通線は2018年度内、相鉄・東急直通線は2019年4月の開業を予定していたが、大きく遅れてしまった。また工事費も、当初計画の約2739億円から約4022億円に増額されている。建設費のうち、国と自治体が3分の1ずつを負担し、残りは開業後の線路使用料で回収する。

羽沢横浜国大～日吉間の開業後は、朝ラッシュ時は1時間10～14本、そのほかの時間帯は1時間4～6本を運転する計画。日吉からは東急東横線・目黒線を経由して、地下鉄副都心線から東武東上線、地下鉄南北線から埼玉高速鉄道、都営地下鉄三田《みた》線との直通運転を行う計画である。

二俣川《ふたまたがわ》と目黒の間は、現在の横浜経由に比べて16分程度短縮して約38分で結び、都心への通勤の時間短縮が実現するほか、新横浜～渋谷間を現在の菊名乗り換えに比べて11分程度短縮して約30分で結ぶことで、東横線沿線からの東海道新幹線の利用が便利になる。

東京都心と臨海部のアクセス

東京の臨海部では、オリンピック・パラリンピックの競技場のほかに選手村も建設され、閉幕後は高層マンションとして売り出された。今でも臨海部には高層マンションが林立しているが、今後も大きく発展することになる。

東京近郊の通勤電車が混雑することから、若年層を中心に都心への回帰が進んでおり、豊洲《とよす》あたりの高層マンションに住み、都心まで自転車で通勤するというスタイルが定着してきている。

このあたらしい東京の成長センターへの鉄道ネットワークは不十分である。現在、地下鉄有楽町線の豊洲〜住吉間の支線の建設が計画されているが、JRの越中島《えっちゅうじま》支線、新《しん》金《きん》線といった貨物線の旅客転用も検討されるべきだろう。

また、オリンピック・パラリンピックの期間中、都心と選手村の間を結んでBRTが運行していたが、選手村が住宅地に変わった時には、都心への通勤手段として、あたらしく運行系統が改変される予定であった。しかし、まだ本格的な運行には至っていない。

現在、銀座と臨海部の間に地下鉄整備計画があり、つくばエクスプレスの東京延伸線につなげる構想もある。

つい最近、東京での地下鉄2路線の建設が大きく進展した。国と東京都が、有楽町線の豊洲〜住吉間と南北線の白金高輪《しろかねたかなわ》〜品川間の延伸計画について、2030年代半ばの完成を目指して事業化することを決定したのだ。そして、2022年3月28日に両線が第1種鉄道事業の許可を取得し、2022年度予算に環境影響評価の調査費を計上した。

事業主体は東京地下鉄で、国と都が地下高速鉄道整備事業費補助金を交付するほか、財政投融資資金が投入される。有楽町線の建設費は約2690億円で途中駅は豊洲側から枝川、東陽町、千石《せんごく》の3駅（駅名は未定）。南北線については、建設費は約1310億円で途中駅はなし。

埼玉高速鉄道・横浜地下鉄3号線の延伸

また、東京近郊部での鉄道建設も動きそうである。

埼玉県は、埼玉高速鉄道の浦和美園《みその》と岩槻《いわつき》を結ぶ約7・2キロの事業化に向けて検討を進めている。

2021年5月23日のさいたま市長選で、現職清水勇人《はやと》市長が、この路線延伸を強く訴えて当選した。そして、同年6月14日の市議会本会議で、2023年度中に埼玉高速鉄道に事業化を要請することを明らかにした。都市鉄道等利便増進法を適用して、国と自治体が3分の1ずつ費用を負担する方針である。

建設費は、２０１１年の地下鉄７号線延伸検討委員会の７７０億円（消費税込み）から数度の改定を経て、２０１４年地下鉄７号線延伸検討委員会では８７０億円とされた後、２０１８年には10億円減の８６０億円とされている。

横浜市は、地下鉄３号線をあざみ野から新百合ヶ丘まで、約６・５キロ延伸する。もともと川崎市が新百合ヶ丘から川崎まで川崎縦貫高速鉄道線の地下鉄建設を計画していたが、景気の停滞から市の財政状況が悪化。事業の採算性を改善するために建設費の削減やルート変更を実施したが、最終的に事業廃止となった。

それに代わる形で、横浜市の既存路線の３号線を新百合ヶ丘まで延伸する計画が進展することになった。

２０１９年に横浜市と川崎市が事業化を発表。同年９月から10月にかけて川崎市内区間のルート案のうち有力ルートである東側ルートについて意見を募集した。最終的に、ヨネッティー王禅寺《おうぜんじ》ルートが選定された。交通政策審議会答申の目標年次である２０３０年までに開業する計画である。

ＪＲおおさか東線

大阪では、２０２５年に万博が開催されることが決まった。大阪港北港《ほっこう》の、建設残土などを投入して埋め立てた夢洲《ゆめしま》が会場である。

１９７０年の大阪万博では、観客数で記録を更新するなど、躍進する日本経済の元気を反映して、全国から臨時列車、団体列車で老若男女が大阪に集まり、民族大移動の様相を呈《てい》した。

当時開催が決まると地下鉄の建設が促進され、都市高速も開業するなど、交通インフラの整備も大きく進んだ。関西経済が大躍進を果たした時期であった。

１９７０年は、関西経済にとって大きな転機となったと同時に日本経済が高度経済成長の終盤に差し掛かった、最も輝いていた時代であった。

そのような眩《まぶ》しい時代を再びという夢のもとに、２回目の大阪万博が開催される。

しかし前回の大阪万博の時と違って、人々の娯楽の選択肢が増え、ライフスタイルも変わった。1970年当時は、大衆が同じ目標に進み、それにより大きな経済的な成果を生み出していた。今はむしろ個人が個性を主張する時代で、大衆が同じ夢を見る時代ではない。

大阪の財界にも1970年当時のような勢いはなく、2回目の大阪万博に対する期待も弱い。大阪の市民も、政治や行政が主導する万博に批判的で、ともに盛り上げようという気概が感じられない。

これは、前回の大阪万博で交通インフラの整備が大きく進んだのに対して、今回は万博のために立ち上げられたプロジェクトはないということにも表れている。オリンピック誘致に失敗して以来、宙に浮いていた地下鉄中央線の延伸計画が、2024年開業を目指して具体化したことぐらいである。JRゆめ咲《さき》線（桜島線）の延伸計画は、いまだに構想段階にとどまっている。

むしろ、万博後の跡地に計画されているIR（統合型リゾート）の誘致に熱がこもる。

ただ大阪には、1970年の大阪万博の時に比べるべくもないが、いくつかの新線計画がある。

その一つのJRおおさか東線《ひがし》新大阪～久宝寺《きゅうほうじ》間は、2019年に全線を開業した。このおおさか東線は、梅田貨物線（東海道貨物支線）を地下化して大阪駅の北口の地下（仮称「うめきた」）まで延伸する計画である。現在工事が進んでいて、2023年に開業する計画である。

なお、「うめきた」は大阪駅北側の旧国鉄用地の再開発地域の開発名称で、梅田貨物線の地下化が完成する段階で大阪駅に吸収される。

京阪中之島線の延伸

京阪《けいはん》電鉄は、USJにビジネスチャンスを求め、2008年に「ホテル京阪 ユニバーサル・タワー」をオープンした。

さらに中之島線をUSJ方面に延伸する構想を持っていたが、とりあえず西九条まで延伸して、JRゆめ咲線に接続する計画を打ち出していた。しかし2017年には、IR誘致に合わせて夢洲に延伸予定の地下鉄中央線に接続するために、九条まで延伸する考えを明らかにした。

2018年2月には、九条経由で西九条への延伸が発表された。九条経由で西九条へ向かうには大きく南に迂回《うかい》することになるが、実現するのかははなはだ疑わしい。実現するとしても遠い未来の話なので、とりあえず現実的な九条延伸を実現しようという考えになったのであろう。これも万博には間に合わない。

なにわ筋線

大阪では、近年近郊路線の都心直通線の開業が相次いだ。

2008年10月に京阪中之島線中之島～天満橋《てんまばし》間が開業。2009年3月には阪神なんば線が開業して、近鉄奈良線との直通運転が開始された。さらに遡《さかのぼ》って1997年には、JR東西線尼崎～京橋間が開業し、東海道本線（神戸線）、福知山線と片町線（学研都市線）が直通運転を行っている。

もともと大阪では、東京と違って、近郊路線の地下鉄直通が少ないために、都心のターミナルでの乗り換えの混雑が問題となっていた。また、南北の繁華街を結ぶ地下鉄御堂《みどう》筋《すじ》線の混雑緩和も長年の懸案であったため、阪神が直接難波に乗り入れることによる効

なにわ筋線

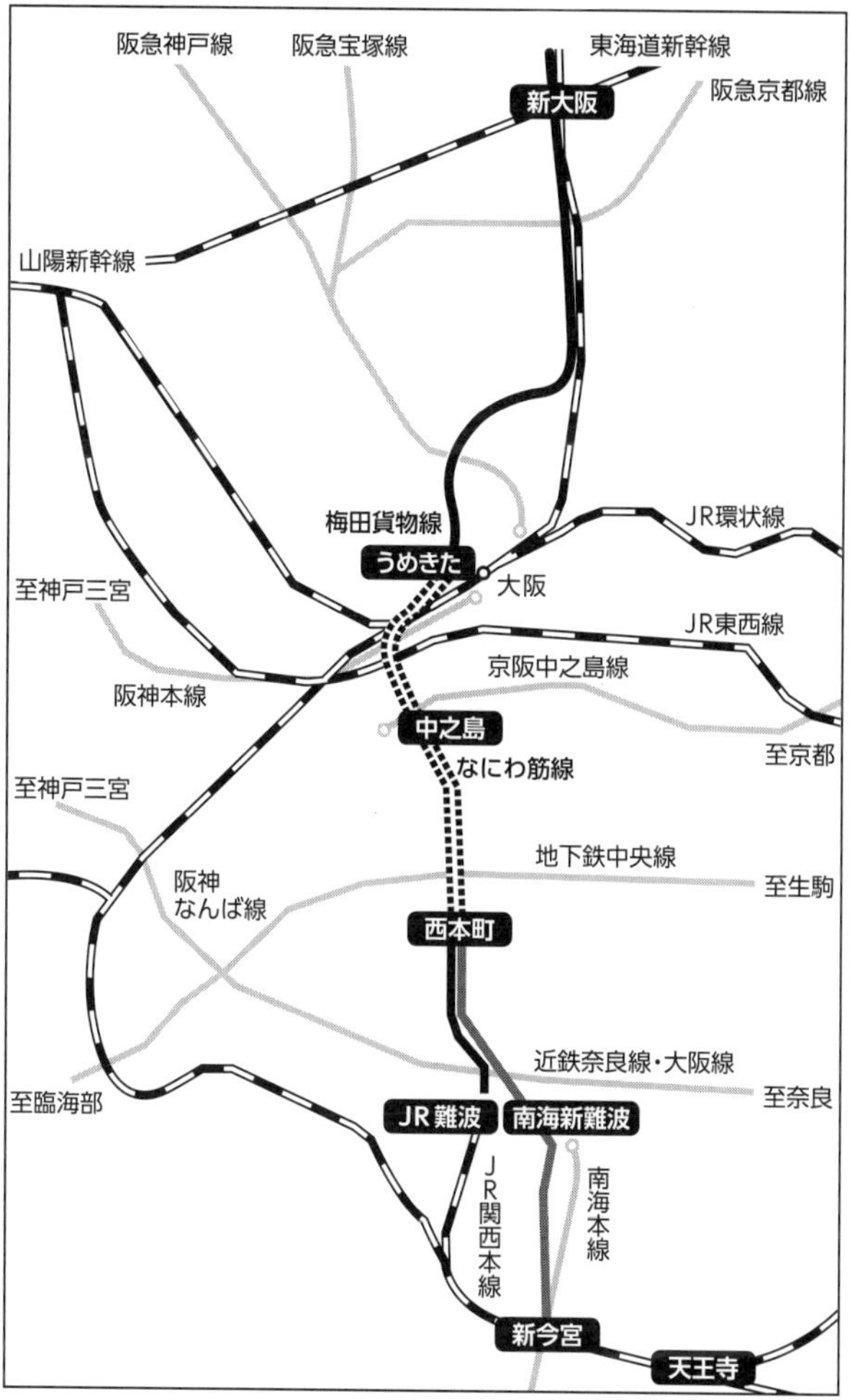
阪急神戸線
阪急宝塚線
東海道新幹線
新大阪
阪急京都線
山陽新幹線
梅田貨物線
JR環状線
うめきた
大阪
至神戸三宮
JR東西線
京阪中之島線
阪神本線
中之島
至京都
なにわ筋線
至神戸三宮
地下鉄中央線
阪神
なんば線
至生駒
西本町
近鉄奈良線・大阪線
至臨海部
至奈良
JR難波
南海新難波
JR関西本線
南海本線
新今宮
天王寺

果が期待された。

京阪中之島線は、地下鉄に接続しない中之島で路線が切れていることで利用が少なく、投資効果が発揮できない状況にある。本来は袋小路ではなく、なにわ筋線との乗換駅として計画されたものだ。

なにわ筋線は中之島線と同じ時期に立案されたものの、巨額の建設費の負担の問題などで計画が進まなかった。また、サミット誘致、オリンピック誘致と続けて失敗したため、中之島開発自体も停滞していた。

しかし、国によって東京と大阪の空港アクセス改善を目的とした新線計画が検討された中で、新大阪と関西国際空港を結ぶあらたな空港アクセス新線の一部を構成する地下新線として、なにわ筋線の計画が進展することになった。

2017年11月大阪府、大阪市、JR西日本、南海電鉄、関西高速鉄道の間で「なにわ筋線建設事業の推進に関する覚書」が締結され、2019年度の国の予算に盛り込まれた。

新線は大阪駅北口の「うめきた」とJR難波、南海新今宮《しんいまみや》を結び、「うめきた」〜西《にし》本町《ほんまち》間はＪＲ西日本と南海電鉄の共同使用、西本町～ＪＲ難波間はＪＲ西日本、西本町～新今宮間は南海電鉄が使用する。

「うめきた」では、２０２３年春に開業予定の梅田貨物線の地下化によるあたらしい地下線にレールがつながることになる。さらに、梅田貨物線は新大阪でおおさか東線につながる。

建設に当たるのは、大阪市、大阪府とＪＲ西日本が出資しＪＲ東西線の整備・保有主体である関西高速鉄道が、第３種鉄道事業者として担当する（償還型上下分離）。

建設延長は約７・２キロで、そのうち６・５キロが地下、０・４キロが高架、０・３キロが地下から高架へのアプローチ部で盛土《もりど》となる。

総事業費は約３３００億円で、２０３１年春の開業を予定する。

阪急も「うめきた」から十三《じゅうそう》を経由して新大阪までの新線計画を発表したが、もともと地下鉄四《よ》つ橋《ばし》線の西梅田から十三の延伸計画があった。阪急は標準軌であり１０６７ミリ軌間のなにわ筋線には直通できないが、四つ橋線の延伸計画の時から「うめきた」に駅を設置する計画であったので、なにわ筋線と一体的にホームを建設して、ホームタッチでの乗り換えを可能にしようとしたのかもしれない。
ただし構想が発表されただけで、具体的な計画内容は決まっていない。

北大阪急行の延伸

阪急電鉄と大阪府などが出資する北大阪急行は、現在千里《せんり》中央〜箕面萱野《みのおかやの》間の延伸工事を進めている。

途中箕面船場《せんば》阪大前駅を設置し、新線の開業に合わせて大阪大学の外国語学部（旧・大阪外国語大学）を箕面市内の粟生間谷東《あおまだにひがし》から移転する予定だったが、工事が遅れ、2021年4月にすでに移転している。

旧キャンパスは大阪モノレール彩都《さいと》線の終点彩都西駅の近くで、周囲には閑静《かんせい》な住宅地が広がっていることから、箕面市は新キャンパスの用地を先行取得したうえで、旧キャンパスと等価交換している。

もともと昭和30年代末ごろには、阪急電鉄が千里線（当時は千里山線）を箕面まで延伸する計画を持っていた。しかし、千里ニュータウンの造成に当たった大阪府からニュータウンの東側へのルート変更が要請されて、現在のルートに決まった。

一方ニュータウンの西側には、後に大阪万博の開催に向けて整備された北大阪急行電鉄が南北線を開業させた。

千里中央〜箕面船場阪大前の南端までを、鉄道事業法により北大阪急行電鉄が整備し、残り箕面萱野までは、軌道法に準拠しインフラを箕面市が整備、線路と駅の内装を北大阪急行電鉄が担当する。

総工事費は当初650億円としていたが、箕面市が2021年3月に874億円への増額を発表した。北大阪急行電鉄の負担額は、受益相当額として、約110億円である。

また、当初2020年度の開業を予定していたが、用地買収の遅れや地下のコンクリート擁壁《ようへき》の埋設物の処理のため、2023年の完成予定に変更された。

そのほかの大阪の延伸・新線計画

大阪モノレールも、2019年に門真《かどま》市〜瓜生堂《うりゅうどう》間の軌道運輸事業の特許を取得して、2029年の開業を計画している。

さらに堺市までの構想を持つが、いつ実現するかまったく分からない。

大阪モノレール本線と万博記念公園で分岐する彩都線も延伸計画を持っていたが、沿線の開発が進まないため、2019年に事業廃止の許可を得て、延伸事業を廃止した。

そのほか、2017年、阪急電鉄は宝塚線の支線として伊丹空港までの新設構想を発表したが、その後の進展は見られない。

もともと関西国際空港の開業時点で、伊丹空港は廃止を予定していた。その後、国内路線のみの空港として存続することが決定しているが、乗り入れる鉄軌道が大阪モノレール1本であり、蛍池《ほたるがいけ》で阪急宝塚線に接続するものの、大阪の都心に直結するアクセ

福岡市地下鉄七隈線の延伸

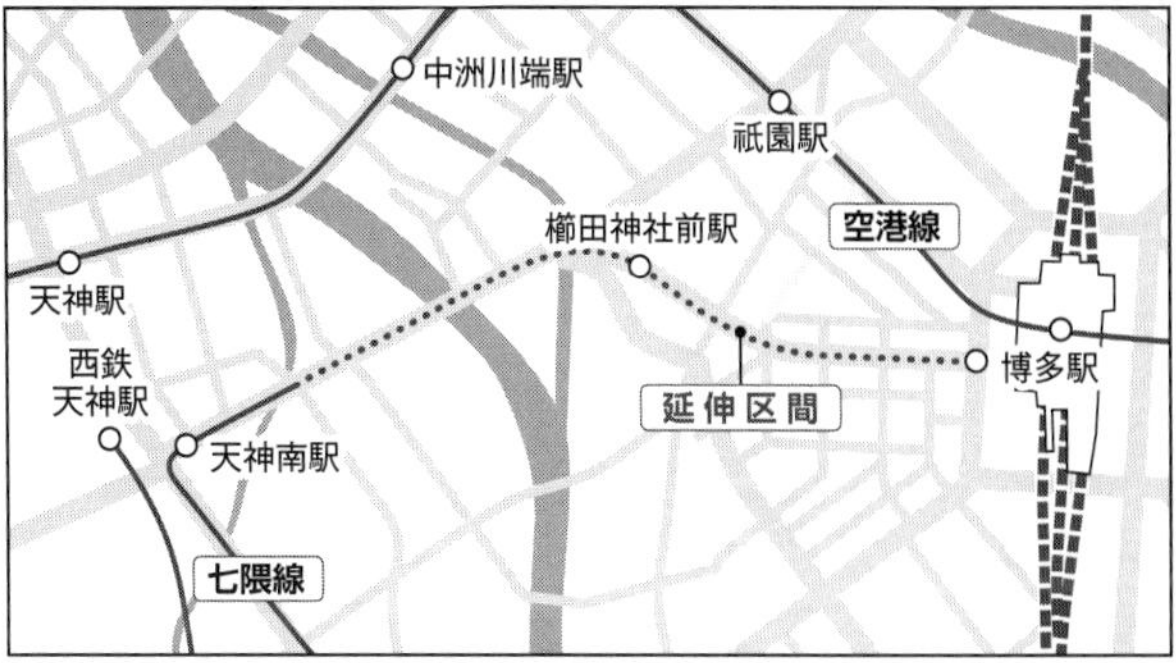

ス鉄道は存在しないという問題を抱えている。

福岡市地下鉄七隈線

福岡市では、かつての西鉄《にしてつ》の市内電車を全面的に置き換えるために、現在の地下鉄空港線（博多駅まで）と地下鉄箱崎線を建設し、１９８３年までに計画路線を完成した。その後、鉄道空白地域の市の西南部と港湾地区で地下鉄七隈《ななくま》線の整備を進めることになる。

既存路線は、当時の国鉄筑肥《ちくひ》線との直通運転を実施するために軌間１０６７ミリで建設されたが、七隈線は路線設定に自由度の高い、トンネル断面を小さくしてコストを削減できるリニア駆動式のミニ地下鉄（軌間１４３５ミリ）となった。

また、都心部では、天神から北上して空港線と交差し、港湾地区ウォーターフロントに向かう路線と、薬院《やくいん》で分岐して博多駅までのルートを整備する計画であったが、そうすると中洲川端《なかすかわばた》駅で幅の狭い土居通りを通り、乗換駅にもかかわらずホームが狭くならざるをえなかった。また、薬院で2方向に分岐すると、それぞれ運転間隔が空くことになる。そのため両ルートを組み合わせた形で、天神南から既設線と交差せずに、そのまま博多駅方向に向かうことになった。

天神南〜博多間約1・4キロ（営業キロ1・6キロ）の工事費は約587億円で、2023年3月の開業を予定している。

1日の乗車人員は約8・2万人、新規利用者はそのうち約2・3万人を見込む。

路面電車とLRT

地方都市でも、軌道系交通機関の整備が広まっている。

まず、豊橋市で豊橋鉄道の軌道線がJR、名古屋鉄道の豊橋駅の駅前に乗り入れ、高知駅の土佐電気鉄道（現・とさでん交通）が続いた。岐阜駅でも駅前広場への乗り入れ計画があったが、これは軌道線自体が廃止されたので中止された。現在は万葉線が高岡駅に直結、富山駅でも高架下への富山地方鉄道の電停の移設が完了した。

さらに、岡山電気軌道のJR岡山駅、広島電鉄のJR広島駅乗り入れが計画されている。路面電車の電停が駅ビルに直結することで、鉄道との乗り換え利便性が大幅に向上する。

また、首都圏の宇都宮では、あらたに宇都宮駅東口から芳賀・高根沢工業団地までLRT路線を新設する。既存の鉄道や路面電車を改築するのではなく、まったくの新設である。

2022年春に開業する予定であったが、最終的に2023年3月開業が決まった。宇都宮駅東口から芳賀町の芳賀・高根沢工業団地まで、ピーク時6分間隔、日中10分間隔で、普通電車のほかに快速電車も運転する。全線普通で44分かかり、車両は3車体連接車を17組用意する。

この路線の特徴は、宇都宮駅方向よりも逆の工業団地方向の通勤者が多く見込まれることである。現在宇都宮駅東口からは、企業の送迎バスが頻繁に運行している。

地方都市は大都市に人口と経済力を吸収される一方で、近隣の都市間とも競争関係にある。都市間競争に勝つためにも交通インフラの充実が有効であり、都市の規模や財政力などの制約のもとで、場合によってはＬＲＴのような軌道系が有利だろう。

東海道新幹線とリニア中央新幹線

国内での長距離旅客輸送は、航空やカーフェリー、高速バスなどの躍進で、鉄道の競争環境は厳しさを増してきた。その中で鉄道が選択したのが、新幹線による高速化である。

高速性では航空が絶対的に優位であるが、空港はジェット化や拡張により次第に都心から遠ざかっていった。都心部とのアクセス時間を考えに入れると、都心と都心を結ぶ新幹線に比べて、必ずしも絶対的な優位にはない。

現在整備が進められているリニア中央新幹線は、品川～名古屋間が２０２７年の開業予定であったが、静岡県内で大井川の水資源の問題が発生して本体工事が始められない状況である。大阪までは当初２０４５年の開業を予定していたが、鉄道建設・運輸施設整備支援機構から3兆円を貸し付けられて、２０３７年に前倒しされた。

現在の東海道新幹線に比べて所要時間が半分以下に縮まることになり、それによる人の移動に対するインパクトは大きい。

一方で、速達性の要求が低下する東海道新幹線は、「のぞみ」中心のダイヤから「ひかり」「こだま」の比重の大きいダイヤへのシフトが予想できる。とくに静岡、浜松、豊橋の停車本数は大幅に増強されることになるだろう。

新幹線駅へのアクセスの改善につながる鉄道プロジェクトは東西で続いている。

先に説明した相鉄と東急の直通線は、途中新横浜を経由することで、相鉄、東急東横線の両方で新幹線へのアクセスが改善する。

大阪では、２０１９年3月におおさか東線が全線開業して新大阪に乗り入れ、近く大阪駅北口「うめきた」にまで延びることになる。さらに将来は「なにわ筋線」に直通する計画である。

阪急には、昭和30年代以来の宿願として新大阪アクセスの計画があり、当時取得した鉄道敷設免許を保持し続けている。阪急の各路線が分岐する十三と新大阪の間を建設すると、阪急沿線の新幹線利用者には利便性が高まるであろう。

北陸新幹線の延伸

整備新幹線では、金沢〜敦賀《つるが》間125キロ（建設区間は白山《はくさん》車両基地〜敦賀間113キロ）が当初の予定より1年遅れて2023年度末に開業する予定である。

敦賀では、新幹線高架の下に在来線のホームを新設して、乗り換え利便性を確保するという。しかし、かつての越後湯沢での乗り換えを考えると、直通で目的地まで行ける現状に比べて、不便になることは確実である。

北陸新幹線大阪延伸については、2031年に着工して2046年に完成するという、はるか未来の話になっている。沿線では前倒しを要望し、与党プロジェクトチーム座長の茂木《もてぎ》敏充《としみつ》自民党政調会長（当時）も記者団に対して「効果を十分に発揮するためには早期の全線開業が必須だ」と述べたという（朝日新聞）が、建設財源の確保が難しいとするのが現状である。

大阪のターミナルは新大阪の地下に建設されることになっているが、これに山陽新幹線も乗り入れ、北陸新幹線の車両基地を明石に建設する構想もある。

北陸新幹線の延伸

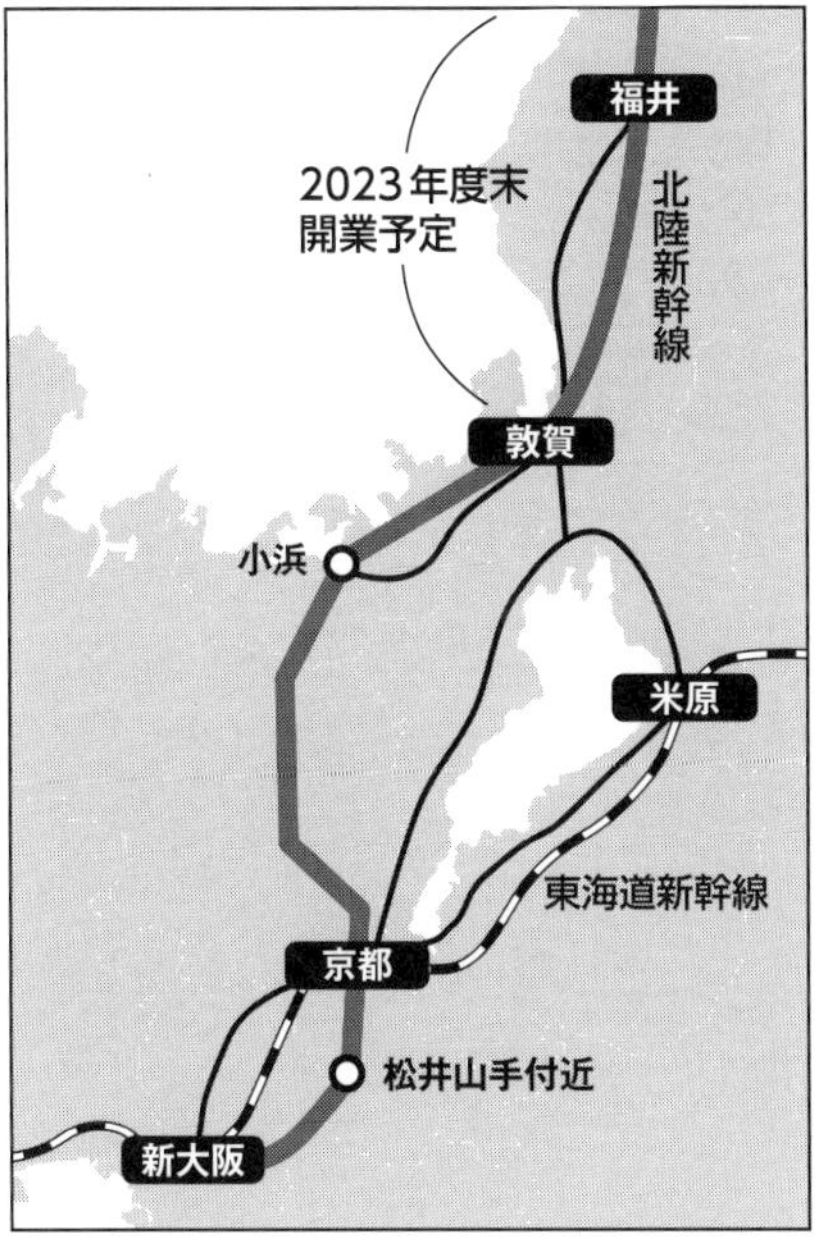

2017年3月15日与党のプロジェクトチームは、京都〜新大阪間のルートについて、南回りの京田辺《きょうたなべ》市経由とすることを決定した。京田辺市ではJR学研都市線の松井山手駅付近に

新幹線駅を設置する。

もともと、東海道新幹線に沿って新大阪に至る、途中に駅を設けない北回り案があったが、与党は駅新設による経済効果を期待して、路線を大きく迂回させるルートを選択した。

一方で、小浜《おばま》〜京都間では新駅の新設はなくなった。

京都府は、工事費の負担について「府民の利益に応じて負担する」として、負担額を減らす意向を表明している。

西九州新幹線

九州新幹線西九州ルートは、長崎から武雄《たけお》温泉まで（工事延長約66キロ）の工事が進んでいる。

２０１２年に工事施行認可を得て、それから10年後を完成時期としていた。それが２０２２年9月23日となる。

あわせてＪＲ佐世保線の武雄温泉～肥前山口間約14キロを複線化する予定であったが、工事費削減のため、高橋～大町間約6キロに短縮された。

在来線を経由して博多まで直通するフリーゲージトレインの開発に失敗したために、武雄温泉での乗り換えとなってしまった。末端区間を先に建設することで既成事実として全線のフル規格着工へ、という思惑は、途中の佐賀県の反対で、まったくもって停滞してしまった。

並行在来線のＪＲ長崎本線肥前山口～諫早《いさはや》間は、地元が設立した佐賀・長崎鉄道管理センターが第3種鉄道事業者としてインフラを保有し、ＪＲ九州が第2種鉄道事業者として車両の保有と運行を行う。

現行案では、在来線区間には博多から肥前鹿島まで1日14本の特急が残るほか、肥前鹿島～肥前山口間では普通列車を現行より6本多い41本を運転して肥前山口で特急と接続する。

北海道新幹線の延伸

北海道新幹線は、新函館北斗〜札幌間約212キロを2030年度末に開業する計画である。2012年に認可・着工され、「概《おおむ》ね20年後」（2035年）までの開業を予定していたが、2015年、「政府・与党申し合わせ」により、5年前倒しが決定した。設置される駅は、新八雲《しんやくも》（仮称）、長万部《おしゃまんべ》、倶知安《くっちゃん》、新小樽（仮称）、札幌の5駅。札幌市は、2030年に札幌での冬季オリンピックの開催を目指している。

新幹線の札幌駅は、現駅の東側に建設されることになった。乗り換えの移動距離が増えて不便を心配する声が聞こえるが、むしろ新幹線駅の周辺部があたらしい開発用地として再開発される余地が増える。

また、長距離バスのターミナルを設ければ、新幹線＋長距離バスの、北海道のあたらしい交通ネットワークの構築を推進できるかもしれない。

ただし、長距離バスは、現在JR北海道の特急列車網の一番の競争相手であり、バスへのシフトは鉄道の一層の衰退につながる。

本州と札幌の間の旅客流動は、新千歳空港を利用する航空輸送のシェアが絶対的に大きい。行き止まり式の新千歳空港駅をスルー化して道東への直通列車を走らせる構想もあり、空港＋鉄道の組み合わせも検討されている。

長期的には、関東、東北からの新幹線旅客が札幌で長距離バスに乗り換え、新千歳に着いた航空旅客は鉄道を使って札幌都市圏に向かうという、対本州の流動が機能的に二分されることになるかもしれない。


また、北海道新幹線では東京と札幌の間が最速でも5時間を超えることが見込まれるため、東北新幹線や青函《せいかん》トンネル内の高速化の検討が進められている。

東京～大宮間は従来の時速110キロを時速130キロに、盛岡～新青森間を従来の時速260キロから時速320キロに引き上げた。

青函トンネル内は在来線の貨物列車も走っているために、貨物への影響を考えて、速度を在来線特急と同じ時速140キロに抑えていた。それを、すでに2019年3月に時速160キロに引き上げ済みで、2020～2021年の年末年始や2021年のお盆には、特定時間帯に限定して、時速210キロの列車を走らせた。また、2022年5月にも時速210キロ運転を実施した。将来的には時速260キロまで引き上げるべく、高速試験を続けている。

北海道新幹線が完成すると、JR函館本線の函館〜小樽間が並行在来線となり、その去就《きょしゅう》が気がかりなところだ。2021年4月の並行在来線対策協議会で、北海道から、第三セクターで運行する場合、全線で年40億円の赤字となることが公表された。初期投資と開業後30年間の累積の赤字額は1900億円となるという。

その後、函館〜長万部間と長万部〜小樽間で地域ブロック会議が開催され、長万部〜小樽間については鉄道を廃止してバスに転換することで沿線市町が合意に達した。

函館〜長万部間は、北海道が鉄道のインフラを譲り受け、JR北海道とJR貨物が線路使用料を支払って列車を運行する方式が有力である。この場合、鉄道建設・運輸施設整備支援機構が第3種鉄道事業者としてインフラ部の維持・管理を行うことが望ましい。

ＪＲ東日本のミニ新幹線の改良

ＪＲ東日本のミニ新幹線区間の速度向上プロジェクトが進められている。もともと在来線の線路の幅を広げただけなので、線形が悪く、自然災害にも弱い。

秋田新幹線では、田沢湖～赤渕《あかぶち》間の約15キロの区間に新仙岩《しんせんがん》トンネルを掘削《くっさく》して、距離を約3キロ短縮する。２０１７年にＪＲ東日本から秋田県と岩手県に整備の構想が伝えられた。

総事業費は約７００億円で、開業時期は着工から11年後としている。

ＪＲ東日本が事業費の6割を負担し、残りの工事費を秋田県と国に期待する意向である。２０２１年にＪＲ東日本と秋田県が建設推進の覚書を交わして、地質調査などについて、費用の半分を県が負担することを決めた。

これが完成すると、秋田と東京の間が、現行の3時間37分から3時間30分に短縮する。

北海道新幹線の全線開業時には東北新幹線内での時速３６０キロ運転が検討されている

ので、さらに所要時間の短縮があるかもしれない。

山形新幹線についても、JR東日本は、福島～米沢《よねざわ》間に新線を建設する構想を発表した。整備新幹線の基本計画にある奥羽《おうう》新幹線の一部となる。

あらたに建設されるトンネルは全長23キロで、約10分の時間短縮になる。工事費は、在来線規格だと1500億円、新幹線のフル規格だと1620億円となる。

また山形新幹線の福島駅では、山形方面からの上り列車はいったん下りホームに入り、東京側で上り線に転線していた。これでは東北新幹線の運行に支障があるので、2021年7月上りホームへのアプローチ線を新設する工事が開始され、2026年度末に完成する予定である。

さらに、2024年春に、山形新幹線「つばさ」に新型E8系を投入する計画もある。

第7章

鉄道をめぐる あらたな政策課題

高齢者が利用しやすくするための「バリアフリー」

公共交通における政策課題は多岐にわたる。

そもそも交通需要は派生需要で、本源的な需要に対する手段でしかない。本源的な需要は、通勤、通学、通院、買い物などの生活をするうえで欠かせないものから、旅行やスポーツ観戦など、レジャーに関するものもある。人々が生活するすべての場面で交通需要が発生するのである。そのため、交通に関する政策課題も、広範囲にわたることになる。

その一つが、バリアフリーである。

欧米では、人種間の障壁や民族間の障壁をなくすことが重要な問題となっている。大都市の周辺に低所得の移民のコロニーが形成されていて、低所得のままにしておくと社会の不安定につながりかねない。そこで、より良い仕事に就けるように、より良い教育が与えられるように、低価格の公共交通が用意されることが必要であった。

日本では、欧米とは違って、人種などの差別、貧困問題の相対的な政策的重要性が低かったので、差別解消のための「バリアフリー」には特記すべきものがない。障害を持つ人たちが普通の生活ができるように、町の構造や交通機関の施設を整備することが、バリアフリーの中心となっている。

歩行が困難な人には、駅でエレベーターが整備されることが望ましいし、街中も快適に車いすが走行できることが必要である。

いずれ電気自動車が普及すると、電動車いすとの境がなくなり、速度を制限して歩行者にぶつかってもけがをしないような電気自動車が開発されるかもしれない。

ＡＩ技術を応用して、運転が難しい障害者や高齢者が自分で運転しなくても自動で目的地まで運んでくれるようになるかもしれない。

未来は、現在より個別的に移動することが快適になり、公共交通の役割が大きく限定される可能性がある。

環境問題に対応するための「CO_2排出量削減」

環境問題も重要な政策課題である。

１９７０年代には、急速な工業化により河川に汚水が流され、自動車の増加により大気の汚染がひどくなった。

21世紀になると、地球環境が深刻な問題となった。地球温暖化が進み、異常気象が増え、巨大台風による洪水、自然災害による道路の遮断、鉄道の寸断が増えていった。国際的な地球温暖化防止の枠組が作られ、CO_2をはじめとした温暖化物質の削減のために、地球環境への負荷の大きい交通部門での取り組みが求められている。

ガソリンエンジンやディーゼルエンジンは、温暖化物質を発生させると同時に、排気ガスによる大気汚染、交通事故による人的被害も発生させている。また、狭い道路を高速で走る自動車の存在自体が、さまざまな社会的費用を発生させている。

これに対して、自家用車のような個別利用の交通機関から、集団で利用する公共交通機関へのシフトが要求された。同じ環境負荷に対して、1人で利用するより複数で利用するほうが、1人当たりの環境負荷が圧倒的に小さくなる。乗り合い方式の公共交通が有利である。

また、最近急速に電気自動車が増加していることについて、CO_2の発生場所を発電所に移動するだけだという議論があるが、発生場所が集約されることで、環境対策に巨額の資金を効率的に投入できる。

鉄道の場合古くから電気鉄道が普及しており、非電化路線でもバッテリー電車やハイブリッド車など自動車よりも環境技術が進んでいる。

仮に自動車の動力がすべて電気に取って代わられたとして、温暖化物質の大幅な削減が実現できるとしても、なお、個別に利用する交通機関は集合的に利用する交通機関に比べて都市内の有限な土地の利用を非効率化することになる。1台のバスに多くの人が乗れば、1人当たりの専有面積は小さくて済む。

そもそも1963年のブキャナン報告では、モータリゼーションの進行、自家用車の増加を社会の発展としてとらえて肯定的に扱っているものの、際限なく自動車が増加することによる道路や駐車場の面積の増加は否定的にとらえている。

さらに鉄道の場合には、単位輸送力が大きい分、都市の土地の専有面積は、輸送力に比べて相対的に小さい。

また交通事故という点でも、数の多い自家用車の事故の実数は大きく、死傷者の数も膨大である。この点はバスも同様であるが、高架線や地下線として立体化した鉄道は、自動車や歩行者との衝突の可能性がなく、死傷者の数も絶対的に少ない。

ただ、ホームからの転落事故など、別の事故の問題はある。しかし、横断歩道に比べて鉄道のホームの数は限られており、対策を講じるにも、負担できないほどの大きな金額が必要になるわけではない。現に、大都市でホームドアの設置が急速に進められている。

なかなか進まない「モーダルシフト」

CO_2の排出量のうち18・6％を運輸部門が占めている（2019年度／国土交通省ホームページより）。貨物1トンキロ当たりのCO_2排出量は、自動車が225グラムであるのに対して、鉄道は18グラムである。トラックで運んでいる貨物を鉄道に移すだけでも大きくCO_2の排出量を減らすことができる。

しかし、国がより環境負荷の小さい鉄道や内航海運へ貨物をシフトさせる「モーダルシフト」政策を推進しているものの、なかなか効果を上げられないでいる。国土交通白書でも、成果をアピールできないモーダルシフトに関する記述が減ってしまった。

その背景には、自動車のハイブリッド技術の発展があり、将来的に自動車によるCO_2排出量が減少することを見越しているのだろう。しかし、トラックの場合は、現状ではほとんどがディーゼルエンジンである。

トラックについては、運転手の不足の問題も起こっている。26両編成の貨物列車は10トントラック65台分の荷物をいっぺんに運べる。

モーダルシフトについては、今でもその重要性は変わらない。実際、地味ではあるが、貨物鉄道によるモーダルシフトの努力は続いている。

しかし、モーダルシフトの受け皿となる貨物鉄道については、国庫補助事業により2012年度に完成した隅田川貨物駅の輸送力増強工事が最後で、それ以降、大規模なプロジェクトは行われていない。しかも、JR化以降に行われた貨物輸送力増強プロジェクトは東京〜福岡間だけで、そのほかは、京葉線蘇我《そが》〜武蔵野線南流山《みなみながれやま》間の貨物走行化工事と隅田川貨物駅の改良だけであった。

国内の貨物幹線には、大阪〜青森間の日本海縦貫線と、さらに札幌までの津軽海峡線と函館本線、東北本線の東京〜青森間などがあるものの、夜行の寝台特急が廃止された余力を貨物輸送に活用する程度で、大幅な輸送力の増強とはならなかった。

今後新幹線を活用した荷物輸送の拡大が予想されるが、本格的な貨物運行も視野に入れた取り組みが必要ではないかと考える。

モーダルシフトの事例として、2022年3月14日から運行が開始された、貨物利用事業者（フォワーダー）向けのブロックトレイン（コンテナ専用列車）がある。越谷《こしがや》〜姫路間の貨物列車1往復を貸し切りにし、26両編成中22両のうち、日本通運が12両、全国通運が10両使用する。本来、鉄道区間ではJR貨物が荷主から貨物を預かって輸送するが、フォワーダーズブロックトレインの場合、フォワーダーが預かった貨物をJR貨物に託して輸送するのである。

そのほか、西濃運輸は２０１８年５月から、近畿地区と東北地区間のコンテナによる特別積み合わせ輸送を行っている。ＪＲ貨物のほか、子会社の日本フレートライナー、仙台臨海鉄道が輸送を担当する。

また２００４年から佐川急便が、安治川口《あじかわぐち》～東京間で専用電車「スーパーレールカーゴ」を運行している。16両編成で両端に貨物電動車を２両ずつ連結する、世界的にも珍しい貨物専用電車である。全車、佐川急便が貸し切りで運行している。

ディーゼルエンジンからのCO_2排出量の削減

鉄道分野でのCO_2排出の問題は、主にディーゼルエンジンに関するものである。

ディーゼルエンジンのままCO_2の排出量を減らす方法には、ディーゼルエンジンで発電機を回して電気モーターで駆動する方法と、従来のディーゼルカーのまま起動時の馬力が必要な時に電気モーターで補完する方法がある。前者は「電気式気動車」と呼ばれ、きめ細かく出力を調整できるので、燃料効率が改善する。後者はモーターアシストタイプの気動車で、起動時の高い出力が必要な時に電気モーターを併用することで、燃料効率を高めることができる。

そのほか、電車の駆動装置にバッテリーを組み合わせたバッテリー電車もあり、通常は電化区間でパンタグラフを使って充電する。


モーターアシストタイプのハイブリッド気動車は、JR北海道が熱心に取り組んでいた。高速タイプの試作車としてキハ285系3両編成を新造したものの、同社が経営問題を起こしたことで開発を続けることができず、すぐに解体されてしまった。

JR北海道のアシスト方式にはJR四国も関心を示していたが、ついに実現することはなかった。

JR北海道は、モーターアシストの代わりに、JR東日本が開発した電気式気動車を正式に採用し、ローカル用のキハ40系の老朽取り換えのためにH100形を投入している。


JR東日本は、2007年に電気式気動車キハE200形を小海線に、2010年HB-E300系を快速「リゾートしらかみ」に投入した。2019年には新潟地区にも投入されている。バッテリーを搭載して、回生ブレーキで発生する電力も活用する。

　現在ローカル列車用に投入が進められている電気式気動車ＧＶ－Ｅ４００系は、旧型気動車の取り換え用車両の公募に応じた川崎重工業が開発した。両運転台型のＧＶ－Ｅ４００形、片運転台式ＧＶ－Ｅ４０１形（トイレ付）＋ＧＶ－Ｅ４０２形のバリエーションがある。ＨＢ－Ｅ３００系と違ってバッテリーを活用する機能を搭載しない電気式気動車で、新潟地区と、五能線など秋田地区で使用している。

　そのほか、非電化路線向けのバッテリー電車、直流用ＥＶ－Ｅ３０１系、交流用ＥＶ－Ｅ８０１系がある。いずれも愛称はＡＣＣＵＭ《アキュム》。

　ＥＶ－Ｅ８０１系はＪＲ九州が開発したＢＥＣ８１９系（ＤＥＮＣＨＡ《デンチャ》）のリピート発注で外観も同じ。ＥＶ－Ｅ３０１系は烏山《からすやま》線など、ＥＶ－Ｅ８０１系は男鹿《おが》線ほか秋田地区で使用している。

　さらに進んで、トヨタ自動車と共同開発した、水素を使った燃料電池式の電車「ＨＹＢＡＲＩ（ひばり）」ＦＶ－Ｅ９９１系２両編成を試作し、鶴見線と南武線などで実証試験を行っている。

ＪＲ九州は、ＥＶ－Ｅ８０１系の原型である交流用バッテリー電車のＢＥＣ８１９系（ＤＥＮＣＨＡ）を筑豊本線に投入したほか、バッテリー併用電気式気動車のＹＣ１系を大村線など長崎地区で使用する。

ＪＲ東海では、特急気動車キハ85系を置き換えるため、ディーゼル発電機とバッテリーを併用する電気式気動車ＨＣ85系を２０２２年から投入し、高山本線の特急「ひだ」と関西本線・紀勢《きせい》本線などの特急「南紀」で使用する。

ＪＲ西日本は、バッテリー併用電気式気動車ＤＥＣ７４１形総合検測車を導入している。近畿車輛が開発した車両だ。

ＪＲ西日本と人事で密接に関係する近鉄傘下の近畿車輛は、バッテリー併用電車ＳｍａｒｔＢＥＳＴを試作して、ＪＲ西日本とＪＲ四国でデモンストレーション運転を実施したが、目下のところ実用化されていない。

ＪＲ四国は、廃車したキハ40系をモーターアシスト式に改造して試験を行っていたが、実用化しなかった。2022年度に新型ローカル気動車仕様書を作成して、本格的導入につなげたいとする。

第8章

日本の鉄道会社を支える「小林一三モデル」

日本の鉄道は独立採算で発展した

日本の鉄道会社は、国鉄を含めて、独立採算を基本としてきた。

しかし、鉄道事業には厳格に運賃規制が課されていて、利益率は公正報酬率に制限された。超過利潤は認められなかったのである。このような窮屈《きゅうくつ》な事業だけでは、企業として成長が望めない。そこで、鉄道各社は、鉄道以外での利潤獲得を目指して事業を拡大していった。

鉄道は、金融機関や機関投資家に対して、信用を得ている。その信用力を基礎に資金を調達して、鉄道以外の事業の開発に充てたのである。

また、駅の施設は鉄道事業の固定資産として位置付けられたので、駅用地を開発して駅ビルを建て、自社の百貨店を入居させる場合、一部が鉄道事業の事業固定資産に算入され、公正報酬のレートベースとなった。つまり、その分、運賃に上乗せできたのである。そして、高度経済成長期には、その上乗せ分で鉄道の輸送力増強のための投資が行われた。

また、大阪圏では、昭和40年代以降、鉄道会社にとって市場環境が悪化していったが、鉄道事業のコア部分での収益性が低下する中で、ターミナル駅でのデパートから上がる賃料が、本体の収益改善に貢献した。

例えば阪急うめだ本店の土地・建物は阪急電鉄の所有となっており、ターミナルデパートとして圧倒的高利益をあげ、一部が賃料として電鉄に支払われた。

最終章では、こうした鉄道会社の「副業」について見ていく。

「小林一三モデル」の始まり

明治末期からの大都市の近郊私鉄の勃興期、都市間路線や社寺仏閣など行楽地につながる路線以外は、十分な需要が見込めなかった。

鉄道は、旅客や貨物の輸送による収益を目的としたものばかりでなく、投機を目的としたものや、近世に栄えた宿場町が鉄道駅への最短距離に線路を敷いた例など、さまざまであった。

宝塚や箕面と大阪とを結ぶ箕面有馬電気軌道は、沿線に都市がなく、田園風景が続くのんびりした土地であった。もちろん鉄道での旅客収益は見込めず、会社設立を担当した小林一三《いちぞう》は一計を案じた。沿線の池田に土地を買って、鉄道が開業するとそこに住宅を建て、大阪市民に売って利益を出したのだ。さらに沿線に人口を誘致したことで、鉄道の旅客が増加した。現在の阪急宝塚線の話で、「小林一三モデル」と呼ばれている。

アメリカでは、大陸横断鉄道など、鉄道会社には沿線の土地が与えられた。シカゴから線路を延ばすイリノイ鉄道の場合、駅ごとに似通《にかよ》った建物が並ぶ町が整備された。これはサンフランシスコやニューヨークの近郊路線でも同様であった。

国内では、小林一三以前に渋沢栄一が設立した田園都市協会が、東京の荏原《えばら》で住宅開発を行った。

東京では下町を中心に人口が増え、過密問題が発生していた。渋沢は、都心は働き場所で、住むところは郊外の自然豊かな土地とすべきと考え、当時まだ農業地帯であった山の手を開発したのである。

住宅を開発し東京への通勤を提唱する渋沢は、この土地に鉄道を建設することを決め、最初は小林一三の手腕に期待した。しかし、小林は関西の人間であるので会議ごとに夜行列車で遠路やって来るのは大変だということで、渋谷を起点とする武蔵電気鉄道を実質的に経営していた五島《ごとう》慶太を推薦した。この鉄道は目黒蒲田電鉄と称し、現在の東急の登記上の起源となっている。

今、海外ではＴＯＤ（Transit Oriented Development）という、鉄道とセットにして地域の開発を行う手法が注目されているが、目黒蒲田電鉄と箕面有馬電気軌道の事例は、まさにＴＯＤである。

小林一三

大都市近郊での鉄道開発が盛んになると、沿線での住宅開発にとどまらず遊園地の経営や箱根、日光、高野山といった近郊部で行楽地を開発した。また、都市の側では、ターミナルにデパートを建設して、沿線に開発された住宅地からの買い物客で鉄道がうるおう仕組みを作り上げた。さらに、沿線に野球場を建設して、電鉄が野球チームを経営するケースも増えていった。

このように、私鉄の建設と副業の経営はワンセットと考えられていたのである。

これは、日本では鉄道経営は独立採算で、国による利益保証の制度があったものの期限付きであり、補助を受けている間に収益源となる副業を開発することが必要であったという事情を反映していた。

ＪＲ発足後の駅ビル・ターミナル開発

国鉄の場合には、民間企業への経営圧迫を避けるという理由で出資規制が行われていたため、大規模な副業は行われていなかった。ただ、鉄道事業と密接に関連する分野では例外的に出資が認められて、食堂車の食堂を営業する日本食堂、駅の売店を営業する鉄道弘済会《こうさい》が出資会社となっていた。また、戦後工業地帯の開発に合わせて建設された臨海鉄道には、自治体とともに国鉄も出資していた。

その後、１９７１年に出資規制の緩和があり、駅ビルの経営が始まった。

駅の改築費用を自治体や民間企業に分担してもらうために、駅施設と商業ビルを一体で建設する「民衆駅」は以前から建設されていたが、駅ビルの商業施設には、１９７１年の出資規制の緩和以前は、国鉄は関与していなかった。

駅ビルへの出資が認められて以降も、売り場にテナントを入れ、国鉄は賃貸料を徴収するだけで、基本的には不動産事業であった。

１９８７年4月国鉄改革によりＪＲ旅客会社と貨物会社が設立され、出資規制が完全になくなったことで、副業の開発に精力的に取り組むことになった。

ただ、当初は国鉄から引き継いだ食堂車や駅の売店を中心に、鉄道用地と余剰人員を活用する駅構内での飲食施設やコンビニといった小規模なものが多く、しかも収益性は良くなかった。余剰人員の人件費を勘定に入れなかったことで成立した事業であった。

その後、ＪＲ東日本は駅ビルの建て替えや駅構内の再開発に合わせて、あたらしく商業施設を開業。しかも、かつての駅ビルのような賃貸収入を目的としたものではなく、店舗の開発と経営までを自前で行うようになる。

ＪＲ東海は、国鉄時代に鉄道管理局が入っていた名古屋駅の駅舎を解体して、１９９9年12月、名古屋駅構内に2棟の高層ビルから成るＪＲセントラルタワーズを完成させた。翌年3月にジェイアール名古屋タカシマヤが開業すると、ＪＲ東海の予想を大きく超える集客があり、開業初年度から大きな収益を計上することになった。

名古屋駅の構内にあたらしくデパートが開業したことで、四日市市、岐阜市、浜松市などの県外からの買い物客がＪＲの電車に乗って名古屋にやって来るようになった。

消費者がどの商店街を選ぶかを説明するハブモデルというものがある。商店街を選択する確率は、交通の便が良くなるほど大きくなるのに加えて、売り場面積が拡大するほど、売り場ばかりでなくレジャー施設や文化施設などの複合施設が整備されるほど、大きくなる。つまり、近郊都市のデパートよりも、中心都市の巨大なデパートのほうが、消費者に選択されるということである。

近郊都市から中心都市への買い物客の増加が、ＪＲの旅客を増やすことにつながっていった。

ＪＲ西日本が発足して真っ先に取り組んだのが、京都駅の再開発である。１９９０年

10月ＪＲ西日本が開発主体として61・9％を出資して、京都駅ビル開発が設立された。そして新駅ビルのデザインを国際指名コンペにかけた結果、１９９１年最終的に現在の原広司《ひろし》案が採用された。しかし、これが全長４７０メートル、高さ60メートルにもなる巨大建築であったため、古都京都の景観を損ねるとして、市民団体や「京都仏教会」から強い抗議を受けるという場面もあった。

もともと京都駅の再開発の動きは、まず地元側から持ち上がった。１９８２年に京都府知事、京都市長、京都商工会議所会頭の３者間で京都駅の改築について合意し、翌年、京都市が国鉄に対して要請したものであった。

新駅ビルは１９９３年に工事に着手し、１９９７年７月に駅施設の使用を開始した。同年９月には駅ビル全体のグランドオープンとなる。

大阪駅も、国鉄時代の１９８３年に南口に「アクティ大阪」を開業し、大丸とホテルグランヴィアが営業していたが、駅自体は昭和初期に高架化して以来の古めかしい構造であった。ＪＲ西日本は、一部のホームを閉鎖して北側に高層ビルを建設して、２０１１年５月４日にＪＲ大阪三越伊勢丹と名店街の「ルクア」を開業した。しかし三越伊勢丹は大阪での差別化を図るためにラグジュアリー志向の店舗構成としたのが仇となって経営成績が不調に推移。その後全館「ルクア」に改めて、三越伊勢丹は規模を大幅に縮小してそのテナントの一つとして営業を続けることになる。

ＪＲ京都伊勢丹の開業では、商圏が北陸まで拡大し、特急「サンダーバード」を使って若い女性が京都まで買い物に出かけるようになった。

またＪＲ大阪三越伊勢丹の開業に合わせて、東海道線の新快速を12両編成に増強、ＪＲ宝塚線、大和路《やまとじ》線、阪和《はんわ》線では平日の昼間と休日に15分間隔で快速を直通運転することになった。

同様に、近鉄も大阪阿部野橋《あべのばし》駅を改築して、２０１４年春に「あべのハルカス」をグランドオープンした。高さ３００メートル、地上60階建ての日本一の高さの複合ビルで、近鉄百貨店や大阪マリオット都ホテルが営業している。

東急による渋谷の大規模再開発

東急沿線は、首都圏の中でも高級住宅地が集中している。これらの住宅地は、東急自身が長年かけて開発してきたものである。

沿線人口が多いので鉄道の運輸収入が大きいが、それに加えて沿線住民の所得水準が高いということが、渋谷などの沿線のターミナル周辺の商業施設の売上高につながっていると言うことができる。

東急電鉄の渋谷地区における大規模再開発は、「渋谷マークシティ」と「セルリアンタワー」の開発で始まった。

渋谷マークシティは、京王《けいおう》帝都電鉄（現・京王電鉄）井《い》の頭《かしら》線の渋谷駅、帝都高速度交通営団（現・東京地下鉄）銀座線の車両基地、東急電鉄の旧玉電渋谷駅跡のバスターミナルの用地を共同で再開発して建設した2棟の高層ビルである。1994年に着工し、2000年4月7日に開業した。

セルリアンタワーは、東急電鉄の本社跡地に建設された、地上41階、地下6階の高層ビル。2001年3月に竣工《しゅんこう》した。低層部にはオフィス、レストラン、中高層部にセルリアンタワー東急ホテル、最上部にレジデンスが入っている。

続いて、渋谷地区の既存の建物を一掃《いっそう》するような大規模な改造計画が立ち上がった。地下鉄副都心線が開業すると東急東横線の渋谷駅が地下駅に移るため、大きな用地が捻出されることが契機となった。

副都心線は、当初新宿までの計画であったが、後に渋谷まで計画路線が延伸となり、渋谷では東急東横線との直通運転が決まった。この間の経緯は明らかになっていないが、東急の強い希望があったことが想像できる。

都市再生特別措置法に基づき、2005年12月28日に渋谷が「都市再生緊急整備地域」に指定され、2006年度から都市再開発事業が開始した。

2012年4月には、最初の大規模開発として、副都心線の渋谷地下駅のエントランスとなる位置に「渋谷ヒカリエ」が開業した。

東急による渋谷の再開発

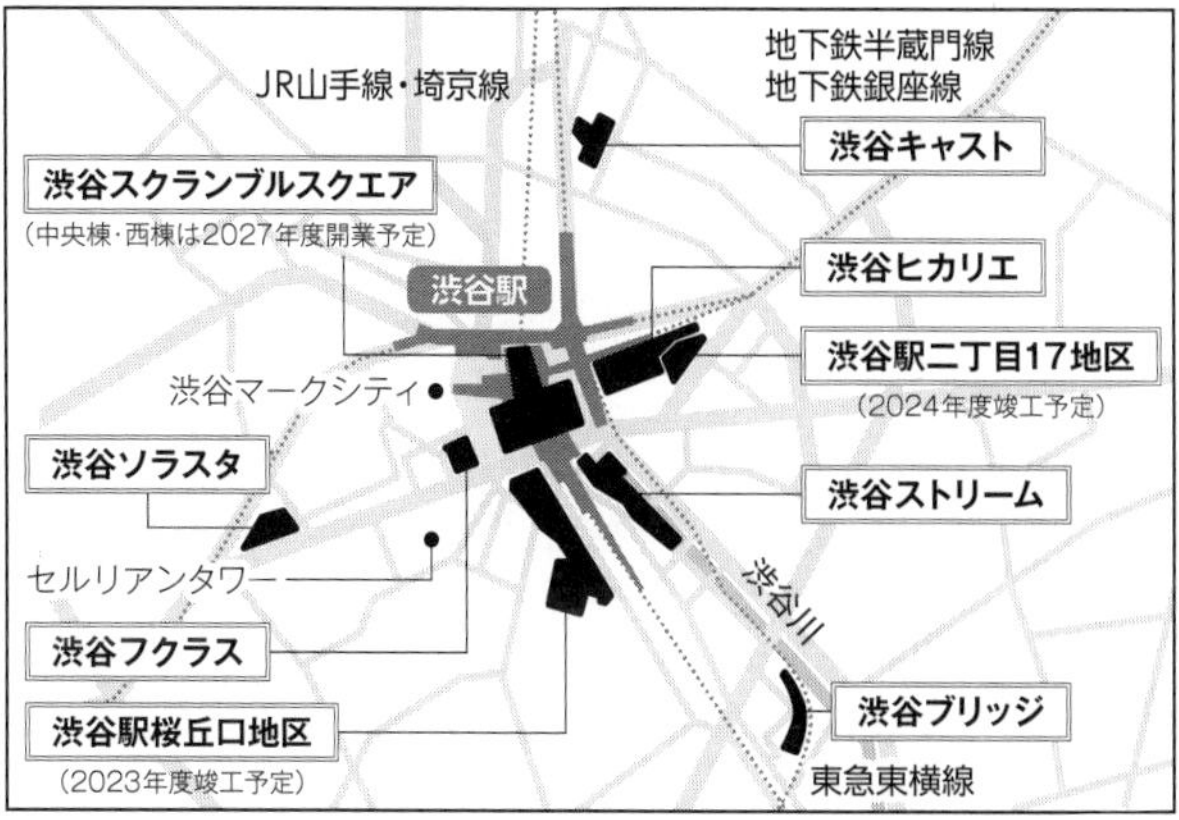

２０１３年1月23日、東急電鉄、ＪＲ東日本、東京地下鉄、道玄坂一丁目駅前地区市街地再開発準備組合、東急不動産の５者が、都市再生緊急整備地域に指定されている渋谷駅地区について、３つの開発計画「渋谷駅地区駅街区開発計画」、「渋谷駅地区 道玄坂再開発計画」、「渋谷駅南街区プロジェクト（渋谷駅三丁目21地区）」を立ち上げた。

「渋谷駅地区 駅街区開発計画」は一連の開発計画の核となる部分で、旧東横線渋谷駅を中心に、東口駅前広場に東棟、山手線上空に中央棟、東急東横店南館と西口駅前広場に西棟の３つのビル「渋谷スクランブルスクエア」を建設するというもの。東急東横店を含めた

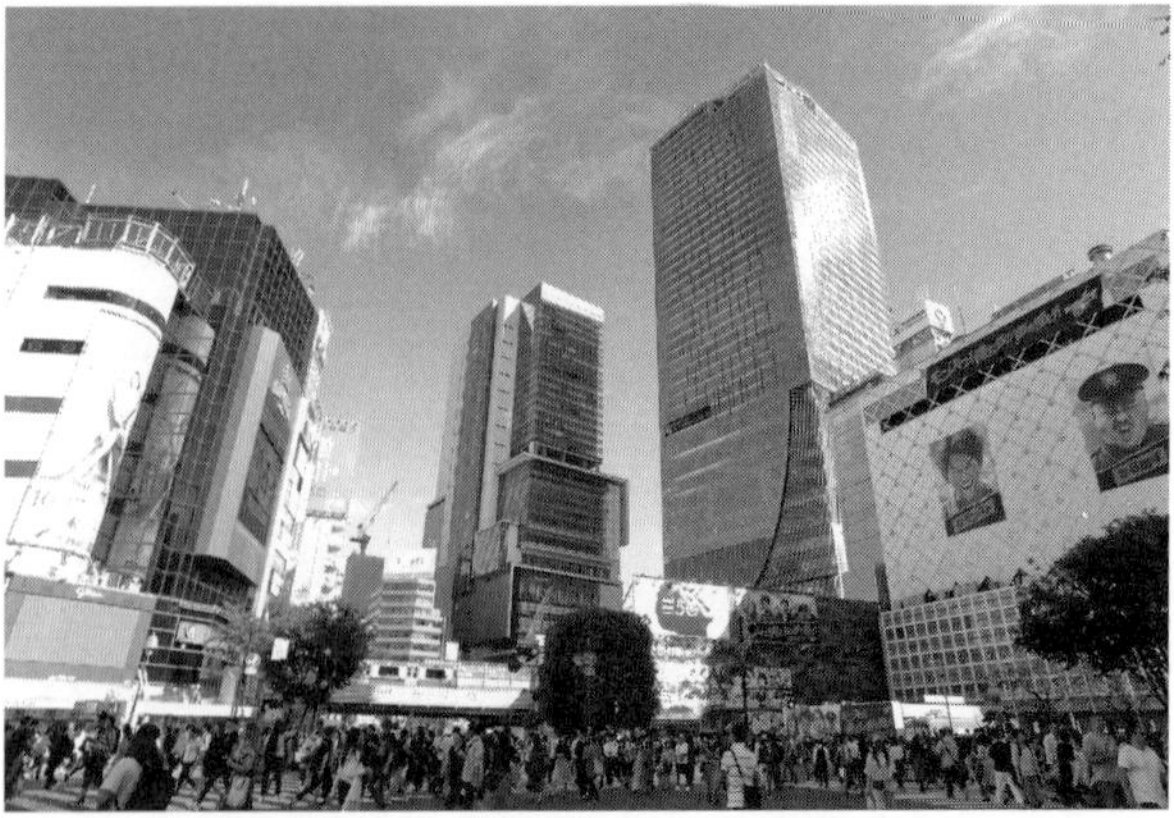

JR渋谷駅(右端)前のスクランブル交差点から見た
渋谷スクランブルスクエア東棟(中央右)と渋谷ヒカリエ(中央奥)

土地区画整理事業として実施し、あたらしいビルと入れ替わりに東急東横店本館は解体されて広場となる。

渋谷スクランブルスクエア東棟は2019年11月1日に営業を開始した。中央棟、西棟は2027年度の開業を予定している。

「渋谷駅地区 道玄坂再開発計画」は、駅西側の道玄坂1丁目、東急プラザ渋谷および隣接する街区との一体的な再開発計画である。2008年7月、「道玄坂一丁目駅前地区市街地再開発準備組合」を設立し、東急不動産が、同準備組合に地権者および事業協力者として参画している。2019

年、地上19階、地下5階の「渋谷フクラス」が完成した。

「渋谷駅南街区プロジェクト（渋谷駅三丁目21地区）」は、旧東横線渋谷駅のホームの南半分と地下化した線路跡地を再開発するというもので、2018年に「渋谷ストリーム」として開業した。

この地区の最大の特徴は、コンクリートで固められて「どぶ川」として無残な姿をさらしていた渋谷川で清流を復活させ、川沿いの緑の遊歩道、にぎわいの広場を整備したことだ。

2021年5月13日、道玄坂二丁目24番土地（東急百貨店本店）における開発計画が発表され、東急が、LVMH系列の投資会社L Catterton Real Estateと共同で再開発することになっている。これにともない2023年1月末に東急百貨店本店は閉店となる。

西武鉄道と東急電鉄のホテル事業

現在の西武鉄道は、軽井沢の別荘地や箱根の観光地を開発した箱根土地が起源である。同社が戦前旧西武鉄道と武蔵野鉄道を傘下におさめ、1946年に現在の西武鉄道となった。元来がデベロッパであるので、戦後すぐに軽井沢に最初のプリンスホテルを開業し、その後東京の都心部や各地のリゾート地に事業を拡大していった。

東急電鉄も、全国でホテルを営業しているが、むしろ後発企業で1960年に銀座東急ホテルを開業したのが最初。東京オリンピックを控えた1963年に東京ヒルトンホテルを開業したが、東急は高級シティホテル経営のノウハウを持たないため外資のヒルトンホテルに事実上経営を任せた。

東急は、1973年に東急インというあたらしい業態を開発したが、1号店の上田東急インは上田交通のフランチャイズ。この後各地に店舗を拡大したが、こちらは東急ホテルズのチャンネルではなく東急電鉄の経営であった。

阪急阪神グループによる梅田の大規模再開発

東急が渋谷の再開発を進めているのに対して、阪急阪神グループは梅田の再開発を続ける。

ＪＲ大阪駅に隣接して、阪急うめだ本店がある。もともと阪急線のホームを囲む形で9階建てのビルが建っていたが、今では阪急のホームはＪＲの高架の北側に後退し、阪急百貨店も下層階に昔のイメージを残すファサードを施した地上41階建ての高層ビルに建て替わっている。

また大阪駅の北側、阪急梅田駅の茶屋町《ちゃやまち》口付近にホームに平行に新阪急ホテルが建っている。１９６４年新幹線の開業に合わせて、出張族のビジネスパーソンを主要な顧客層として開業した、９６１室の巨大なホテルである。北隣には客室数３０２のアネックスもある。開業後すでに50年を超えて老朽化しており、２０２４年度末ごろに営業を終える予定である。

梅田で阪急阪神グループが行っている大規模な再開発の一つ、「梅田一丁目一番地計画」は、２０２１年度末に竣工した。

かつてＪＲ大阪駅の正面、阪急梅田の交差点の対面に阪神百貨店（阪神梅田本店）があり、その地下に阪神梅田駅があった。この阪神百貨店の建物が大阪神《だいはんしん》ビルディングで、その南隣にオフィスビルの新阪急ビルがあった。この２つのビルを一体的に建て替える計画である。それぞれ阪急電鉄と阪神電鉄が所有するビルであり、経営統合がなければ実現しなかったプロジェクトである。

Ⅰ期工事は新阪急ビルと大阪神ビルの東側の建て替え工事で、２０１４年10月、新阪急ビルの解体工事から始まった。２０１８年４月に竣工し、６月には阪神百貨店の一部が営業を開始した。

Ⅱ期工事は大阪神ビルディングの西側部分で、２０１８年６月に解体工事を開始し、２０２１年秋に百貨店フロアが完成して、阪神百貨店が全面的に開業した。全体計画は２０２２年２月に竣工し、工事は終了した。

この開発の特徴は、大阪神ビルと新阪急ビルの間にあった公道をトンネル状に一体化したビルの地上部分に組み込んだ形で、地下1階にも通路が設けられている。これは特定都市再生緊急整備地域における道路上空建築（民間利用）の規制緩和を適用したもので、最初の適用例である。また容積率2000％の特例が認められた。

地下3階、地上38階の高層ビルで、11〜38階はオフィス、低層階には阪神百貨店が入る。このビルは「大阪梅田ツインタワーズ・サウス」と名付けられ、対面の梅田阪急ビルが「大阪梅田ツインタワーズ・ノース」と改称された。

おわりに

新型コロナはいまだ終息はしていないが、次第に人々の生活は通常に戻りつつある。今年のゴールデンウィークは、各地で人出が戻り、行楽地に向かう鉄道は混雑し、ターミナル駅は乗り換え客で混雑した。

鉄道旅客は戻りつつあるものの、鉄道各社は、コロナ前の状況には回復しないと考えている。今年度は、旅客数が2～3割減となる予測が多く、来年度以降も、人々の生活パターンの変化により、同じ程度の減少が続くと考えているようである。もともと人口減少により今後10年で1割程度の旅客の減少が想定されているわけで、これに2～3割が上乗せになることの影響は小さくない。

鉄道旅客が減少することで、今まで採算が取れていた路線でも不採算化するかもしれない。不採算化しないまでも利益率が低下することで、今まで内部補助で維持してきた地方路線を支えることができなくなるかもしれない。

現状のままの鉄道網を維持することは、鉄道会社の自助努力だけではできないであろう。

鉄道を維持するために、マンション開発やホテルの新規開業で副業の利益の増加を目指す会社も多いが、そもそも副業の収益比率が高まって、鉄道をやめたほうが企業としては利益が高くなるということは、利潤獲得を目的とする株式会社として健全だろうか。駅ビルの開発によって鉄道に内部補助を行うことは、鉄道の駅に集まる旅客を顧客にして収益を上げるので、鉄道事業の便益の漏出《ろうしゅつ》分として是認《ぜにん》される。しかし鉄道の沿線から離れて、場合によっては海外でマンションを分譲するような場合、もはや鉄道の利用とは無関係である。その利益を鉄道の経営に回すことは、望ましいことではない。

鉄道の経営補填として使われるべきものは、鉄道が存在し列車が走ることによる便益のうち、鉄道会社が運賃・料金収入として収受できない、つまり社会への漏出分を何らかの方法で還元を図ることである。国の政策に強く関わる部分は国の歳出で補填すべきであるし、地方の政策に関わる部分は地方自治体が負担すべきである。

具体的には、鉄道会社は通勤定期、通学定期、その他各種の社会政策的割引を実施しているが、これらは就業のため、就学のため、社会福祉として鉄道会社が負担しているものであるので、公共により収入補填すべきであろう。

また、鉄道の運営に関連する部分に積極的にボランティアの協力を得るべきだろう。イギリスでは、市民の草の根的な活動としてボランティアによるコミュニティレールを実施している。ボランティアが駅でカフェを開くなどアメニティ施設を運営したり、車内でイベントを実施することで、観光客の誘致を図るというものである。各地に活動が広がったことで、国や鉄道会社とともに全国を横断的に支援・調整する機関を設置し、活動経費のために国からの補填を含めて基金が置かれている。

実は、イギリスの事例を持ち出すまでもなく、日本国内の鉄道でも草の根的な支援組織ができて、さまざまな「にぎやかし」イベントを行っている。この活動の草の根的な性格を大事にしながらも自治体や国が財政的に支援することが望まれる。

さらに、生活交通としての役割を失った鉄道について、存続か廃止かという二者択一ではなく、鉄道事業法の規定する特定目的鉄道として、観光を目的に鉄道を維持する選択肢を用意するのが望ましい。その場合、接続するほかの鉄道と直通できるようにすれば、JR路線の場合、広域周遊のクルーズトレインを直通運転して、その収益から応分の分け前を期待できるかもしれない。

もちろん採算化が不可能なので廃止が問題となるのであるからコスト削減も重要である。専門的な技術と知識を持つ鉄道OBのボランティアを募《つの》って人件費を節約するとともに、日に数便の運転とすることで、保線レベルの引き下げによる維持費用の削減を可能とする制度の支援があれば、運営経費の大幅な削減につながるであろう。

写真提供一覧

19ページ　（富山地方鉄道富山港線）竹内真吾／アフロ
25ページ　（いすみ鉄道）福岡章博／アフロ
28ページ　（ななつ星 in 九州）エムオーフォトス／アフロ
30ページ　（TWILIGHT EXPRESS 瑞風）阿部宗雄／アフロ
31ページ　（TRAIN SUITE 四季島）田中正秋／アフロ
95ページ　（SJ AB の列車）河口信雄／アフロ
105ページ　（SNCF のロゴが付いた TGV）Photononstop／アフロ
110ページ　（DB の列車）渡辺広史／アフロ
199ページ　（小林一三）国立国会図書館
208ページ　（渋谷スクランブルスクエア・渋谷ヒカリエ）
マリンプレスジャパン／アフロ

佐藤信之（さとう・のぶゆき）
1956年、東京都生まれ。亜細亜大学大学院経済学研究科博士後期課程単位取得。専攻は交通政策論、工業経済論。亜細亜大学講師、一般社団法人交通環境整備ネットワーク相談役、公益事業学会、日本交通学会会員。Yahoo!ニュース公式コメンテーター。著書に『JR北海道の危機』『JR九州の光と影』（共にイースト新書）、『鉄道と政治』（中公新書）などがある。アマゾンのダイレクト・パブリッシングで鉄道会社の経営データ集『鉄道会社アルマナック』（年2回）を発行。

PHP
Business Shinsho

PHPビジネス新書 442

鉄道会社はどう生き残るか

2022年6月29日　第1版第1刷発行

著者　佐藤信之
発行者　永田貴之
発行所　株式会社PHP研究所
東京本部　〒135-8137　江東区豊洲5-6-52
第二制作部　☎03-3520-9619（編集）
普及部　☎03-3520-9630（販売）
京都本部　〒601-8411　京都市南区西九条北ノ内町11
PHP INTERFACE　https://www.php.co.jp/
装幀　齋藤　稔（株式会社ジーラム）
組版　株式会社ウエル・プランニング
印刷所　大日本印刷株式会社
製本所　東京美術紙工協業組合

ISBN978-4-569-85250-8

「ＰＨＰビジネス新書」発刊にあたって

わからないことがあったら「インターネット」で何でも一発で調べられる時代。本という形でビジネスの知識を提供することに何の意味があるのか……その一つの答えとして「**血の通った実務書**」というコンセプトを提案させていただくのが本シリーズです。

経営知識やスキルといった、誰が語っても同じに思えるものでも、ビジネス界の第一線で活躍する人の語る言葉には、独特の迫力があります。そんな、「**現場を知る人が本音で語る**」知識を、ビジネスのあらゆる分野においてご提供していきたいと思っております。

本シリーズのシンボルマークは、理屈よりも実用性を重んじた古代ローマ人のイメージです。彼らが残した知識のように、本書の内容が永きにわたって皆様のビジネスのお役に立ち続けることを願っております。

二〇〇六年四月

ＰＨＰ研究所

PHPビジネス新書

「顧客消滅」時代のマーケティング

ファンから始まる「売れるしくみ」の作り方

小阪裕司 著

コロナショックで街から顧客が「消滅」。それでも、売上を伸ばし続ける店があった！　マーケティングのカリスマがその秘密を明かす。

定価 本体八七〇円（税別）

PHPビジネス新書

2030年に勝ち残る日本企業

山本康正　著

GAFAを代表格とする「ディスラプター（破壊者）」が市場を作り変えている今、日本企業が取るべき次なる戦略を業界ごとに示す。

定価　本体八七〇円（税別）

PHPビジネス新書

すごい需要予測

不確実な時代にモノを売り切る13の手法

山口雄大　著

「データに支配されず、正しく活用してモノを売れ！」ＶＵＣＡ時代にモノを売るための実践ケーススタディ13。

定価　本体八九〇円（税別）

PHPビジネス新書

未来実現マーケティング

人生と社会の変革を加速する35の技術

神田昌典 著

未来を読み解くには「マーケティング」を知ればいい！　カリスママーケターが満を持して説く「来たるべき未来とその対処法」とは。

定価　本体一、〇二〇円（税別）